Mosaik

**Callan Pinckney**

# SUPER CALLANETICS

- Das Intensivprogramm für Fortgeschrittene
- Zur Traumfigur in verblüffend kurzer Zeit
- Für einen noch schöneren, noch strafferen Körper

*Unter Assistenz von Karen Moline*
*Fotos von Stuart M. Gross*

**Mosaik Verlag**

Titel der Originalausgabe: *SuperCallanetics – The advanced exercise programme*
Originalverlag: Ebury Press, London 1991
Übersetzung: Ursula Fischer
Umschlaggestaltung: Petra Dorkenwald



Anfragen sind zu richten an den autorisierten Agenten:
International Creative Management Inc., zu Händen Mitch Douglas, 40 West 57th Street, New York, New York 10019.

Wegen Informationen über Callanetics-Studio-Franchiseverträge oder Callanetics-Kurse wenden Sie sich bitte an:

Hanspeter Habegger
CALLANETICS® AG
Seestraße 34
CH-8802 Kilchberg-Zürich/Schweiz
Telefon: 41 1 715 5017
Fax: 41 1 715 0751

Agnes Maes
CALLANETICS® Studios Belgium
Prinz Boudewijniaan 138
B-2610 Wilrijk/Belgien
Telefon: 32 3 448 0655
Fax: 32 3 385 0066

Der Mosaik-Verlag ist ein Unternehmen
der Verlagsgruppe Bertelsmann


München 1992 / 9 8 7
Herstellung: Herbert Tausend, München
Satz: Layout & Grafik 1000, München
Druck und Bindung: Mohndruck, Gütersloh
Printed in Germany

ISBN 3-576-10141-1

## Widmung

Für Edwina Sandys – denn wie sehr habe ich mich über das herrliche Lachen gefreut,
das uns durch diese Jahre begleitete.
Dank dafür.

## Danksagung

Ich liebe jede Minute meiner Arbeit an Büchern und Videos, die Menschen helfen, stärker und schöner zu werden. Es ist eine schwierige Arbeit, die der Unterstützung erfahrener Berater bedarf.

Ich möchte mich besonders bedanken bei Gail Rebuck und Amelia Thorpe von der Random Century Group, die meine Bücher in den vergangenen Jahren mit so viel Schwung und Begeisterung betreut haben; bei meinem Anwalt Marc Bailin und meinem Agenten Mitch Douglas – und nicht zuletzt bei all den wunderbaren Menschen in aller Welt, die Callanetics betreiben und mir dann auch noch geschrieben haben, wie meine Programme ihren Körper geformt und ihnen Selbstvertrauen gegeben haben.

# Inhalt

# Einige notwendige Vorbemerkungen

Versuchen Sie *niemals* eine der Übungen von *Super*Callanetics, solange Sie mit der Philosophie und dem Bewegungsablauf, den Übungen und Anweisungen von *Callanetics* nicht vollkommen vertraut und daran gewöhnt sind. Sie müssen *zumindest* zehn Stunden meines Ein-Stunden-Programms komplett gemeistert haben, ehe Sie sich an *irgendeine* Übung von SuperCallanetics wagen.

In jedem Übungsprogramm stecken Risiken. Deshalb sollten Sie den Rat eines Arztes einholen, ehe Sie sich auf ein strenges Übungsprogramm wie SuperCallanetics einlassen: Es ist gedacht für Leute, die körperlich gut in Form sind und das Grundprogramm schon absolviert haben. Für Schwangere sind die SuperCallanetics nicht geeignet.

## Zum Nacken

Nachdem Sie ja schon zehn Stunden des Grundprogramms Callanetics hinter sich haben, sollten Sie jetzt im Nacken nicht mehr als ein angenehmes und wohliges Gefühl der Streckung empfinden. Weil aber die meisten Menschen nicht darin geübt oder überhaupt imstande sind, sich zu entspannen, kann es wohl sein, daß Sie bei den ersten Bauchübungen einen Schmerz im Nacken oder der oberen Rückenpartie fühlen. Ist das der Fall, so können Sie den Nacken stützen, indem Sie ihn bei ausgestreckten Ellbogen mit den Händen leicht umfassen. Grundsätzlich gilt: Halten Sie den Nacken während der Übungen locker.

Wenn Sie nach dem Grundprogramm dennoch Schmerzen im Nacken empfinden: Konsultieren Sie Ihren Arzt.

## Zum Kniegelenk

Callanetics haben vielen Menschen geholfen, ihre Kniegelenke zu stärken und chronische Schmerzen abzubauen. Wenn Sie aber ernsthafte Knieprobleme haben, sollten Sie diese Übungen nur mit der Zustimmung Ihres Arztes angehen.

## Zum Rücken

Callanetics haben auch Tausenden geholfen, ihre Rückenprobleme zu lindern. Trotzdem: Vorsicht ist ratsam, wenn Sie sich mit solchen Beschwernissen an SuperCallanetics wagen. Wenn Ihre Wirbelsäule oder Kreuzschmerzen eine Krankengeschichte haben, sollten Sie zuvor einen Arzt befragen.

## Bei Ischias und chronischen Problemen

Sie werden feststellen, daß bei einigen Übungen besondere Hinweise für Ischias-Geplagte stehen. Folgen Sie diesen Anweisungen bitte mit Sorgfalt!

Wenn Ischias oder andere Beschwerden Ihnen dennoch Pein bereiten oder durch irgendeine Übung gar heftiger scheinen: Dann stellen Sie diese Übungen bitte ein.

## Drei Profis über Callans Programm

*Ich habe immer gedacht, ich sei körperlich in einer Spitzenverfassung. Aber sie hat mich durch ein Training gezogen, bei dem ich über meine athletischen Möglichkeiten staunte ... Es war eine unglaubliche Erfahrung!*

*Albert Bianchine, Skilehrer*

*Ich habe zu meinem Körper ein ganz anderes Vertrauen gewonnen. Er wurde viel stärker und mein Atem viel weiter. Ich fühle jetzt, wie die Töne aus mir herausströmen und nicht gepreßt klingen.*

*Ann Whitney, Sängerin*

*Es hat nicht nur meine Figur geformt. Es hat die Muskeln ausgearbeitet, die ein Tänzer braucht, um eine Position zu gestalten. Und weil meine Beine so viel kräftiger wurden, entdeckte ich, daß ich höher springen kann.*

*Cindy Bennett, Tänzerin*

# Warum SuperCallanetics?

Eines Tages, in den frühen siebziger Jahren, als ich Callanetics zu unterrichten begonnen und schon einige Erfahrung gesammelt hatte, wendete sich eine Schülerin plötzlich zu mir um. Ich erinnere mich so gut, weil sie am Anfang einen ziemlich weichen, um nicht zu sagen wabbeligen Po hatte und eine recht konturenlose Figur – und sie sagte: »Callan – das fällt mir jetzt alles zu leicht. Ich spüre überhaupt keine Anstrengung mehr!«

Und ich merkte, daß ich es genauso empfand.

Ich wollte aber mehr verspüren, dieses wunderbare Erleben bewahren, das meine Übungen begleitete und mich fühlen ließ, wie tief jede die Muskulatur meines Körpers beanspruchte. Und nicht nur mir ging das so: Auch meine Schüler verlangten nach einer weiteren Herausforderung. Einer »Challenge«. Sie hatten durch Callanetics ihre Figur in so kurzer Zeit gestrafft und ihre Kräfte so sehr gesteigert, daß ich sie einfach weiter voranbringen mußte.

Damit wir uns nicht mißverstehen: Die meisten dieser Schüler und Kursteilnehmer sind Menschen wie Sie und ich. Sie können verpflichtende Kursprogramme nicht ausstehen und nehmen jede Entschuldigung wahr, um sich vor Bodybuilding-Exerzitien zu drücken. Manchmal habe ich den Eindruck, sie sind noch schlimmer als Haarewaschen.

Und dann denke ich auch, ich würde lieber einen Acker pflügen – aber wo findet man schon einen Acker und einen Gaul ... (Und nebenbei: Ich kann gar nicht pflügen, und am Ende würde ich dann statt dessen zwischen Küchenschränken den Boden mit einer Zahnbürste putzen!)

Darum habe ich lieber nachgedacht und die SuperCallanetics entwickelt.

Es liegt in der menschlichen Natur, aller Dinge überdrüssig zu werden – Arbeit, Spiele, Sport, sogar Bekanntschaften – sobald man sie gut beherrscht und kennt. Man vernachlässigt sie. Als ich merkte, daß ich mit meinem Grundprogramm Callanetics gar zu unbekümmert umging, weil es mir inzwischen so leichtfiel, begann ich allmählich eine neue und intensivere Version dieser vertrauten Übungen zu entwickeln – SuperCallanetics. Ich wollte die gleichen Resultate in noch kürzerer Zeit erreichen. Anfangs war ich mir des Erfolgs nicht sicher. Aber ich wußte schon: Wenn der Körper erst einmal stärker geworden ist durch Callanetics, dann kann man den Effekt dieser Übungen auch in sehr viel kürzerer Zeit erreichen.

Würde dieses Prinzip bei den SuperCallanetics wirken? Die Antwort ist ja. Einige Bewegungsabläufe mögen genauso scheinen wie im Grundprogramm – aber wenn man sich auf das Niveau der SuperCallanetics begibt, kann der Anschein sehr täuschen.

## Was SuperCallanetics Ihnen bringen kann

Vor einigen Jahren war ich nach Berlin – damals ja noch »West«! – eingeladen, um unseren *Green Berets* und *Special Forces* Callanetics beizubringen. Noch bevor ich ihr Training begann, erhielt ich zu meiner riesigen Freude Gelegenheit, auch anderen Soldaten des »Stützpunkts« – aus anderen Ländern, die mit den amerikanischen in verschiedenen Sportarten wetteiferten – das Callanetic-Programm vorzustellen. Da war einer aus der britischen *Royal Air Force*, Experte für asiatischen Kampfsport und ein ganz liebenswerter Bursche. Er verfolgte meine Demonstration mit sehr kritischer Aufmerksamkeit. »Mein Gott«, sagte er dann in seiner reizend verkürzten militärischen Ausdrucksweise, »es sieht nicht so aus, als ob Sie *irgend etwas* täten. Sie *bewegen* sich nicht einmal!«

Ich lachte. »Das ist genau der Punkt! Wenig *ist* manchmal mehr!« Und ich fügte hinzu: »Wenn Sie mit den Burschen hier sprechen, werden Sie herausfinden, daß die meisten oder viele von ihnen Rückenprobleme haben – weil sie niemals gelernt haben, mit diesen Muskelpartien umzugehen oder sie zu entspannen. Und wenn die Leute nicht *relaxen* können und ihr Körper dauernd damit beschäftigt ist, Muskeln zu spannen, die sie jetzt gar nicht brauchen – dann vergeuden sie all ihre Energie und nutzen sich selbst ab.«

Seine Pupillen wurden sehr groß. »Ich kann es kaum glauben, daß *Sie* das sagen! Wie recht Sie haben! Ich war immer davon überzeugt, aber keiner wollte auf mich hören. Ich weiß, daß es so ist, weil ich mir selbst diese Entspannung beigebracht habe und ihre Wirkung im Wettkampf kenne. Ich bin in meinem Kampfsport sehr gut und weiß inzwischen, wodurch ich meine Gegner überwinde: Ich spare meine Kräfte, entspanne meine Muskeln und konzentriere meine Energie auf jene, die ich brauche.«

Die Begeisterung dieses jungen Mannes war ansteckend. Denn ich sage freimütig: Er war der einzige Mensch, der ohne Callanetics-Erfahrung je den Grundgedanken meines Programms vollkommen verstanden hat. Die Idee war damals so umwälzend, daß selbst die Ärzte mich anschauten, als sei ich ein weiblicher Tarzan und lebte noch im Dschungel. Mittlerweile hat sich das ein bißchen geändert. Viele der nämlichen Medizinmänner, die da so viel Geringschätzung für meine Überlegungen zeigten, empfehlen ihren Patienten heute nicht nur Callanetics, sondern auch noch Super-Callanetics.

Die Callanetics wurden ursprünglich entworfen, um meine ganz persönlichen medizinischen Probleme zu lindern. Damals schien manches von dem, was ich sagte, tatsächlich revolutionär. Doch in Wahrheit standen und stehen die verschiedenen Callanetic-Programme auf einem ganz einfachen Fundament: dem gesunden Menschenverstand. Wie Sie vielleicht wissen, begann ich diese Übungen zu entwickeln, weil der schlimme Zustand meines Rückens und meiner Knie sich immer weiter verschlechterte – und die Trainingsprogramme, die ich ihnen dann zumutete, boten gar keine Hilfe. Einige der Bewegungen, die man mich in diesen Kursen »lehrte«, waren so heftig, daß sie meinem Körper schier den Rest gaben und ich fürchtete, im Rollstuhl zu enden. Doch Gott sei Dank, diese Angst habe ich beiseite legen können!

Aber ich wollte Ihnen noch ein wenig mehr von den *Green Berets* und *Special-Forces*-Leuten in Berlin erzählen. Ich bin mit Hollywood-Filmen aufgewachsen und darum in dem festen Glauben: Diese Soldaten sind stark und ausdauernd, die fittesten Männer der Welt! Am Anfang waren sie eher belustigt als lustig. Sie wollten wissen, warum der General ihnen ein Persönchen wie mich geschickt hatte, das ihnen kaum bis zur Brust reichte, um ihnen solchen Kinderkram beizubringen … Und dann merkten sie, daß sie nicht einmal 20 Open-and-Close-Übungen durchhalten konnten – und das ist für Fünfundsiebzigjährige ein Kinderspiel, sobald sie nur ihre Muskulatur geübt und gekräftigt haben!

(Ich muß gestehen, diese Erkenntnis hat mich ein bißchen nervös gemacht, denn es ist schließlich der Job dieser Männer, Leute wie mich gegen unsere Feinde zu verteidigen.) Wie immer, den Burschen ist der Spott vergangen; erst recht, als sie nach ein paar Sitzungen ihre Rückenschmerzen los waren.

Sie müssen weder ein *Green Beret* noch ein Fitneßfanatiker sein, um SuperCallanetics zu machen. Es wirkt sich für Sie aus, weil Sie selber Ihren Muskeln das eigene Tempo vorgeben. Da wird nicht mit Gewichten gearbeitet und kein Druck auf Ihren Körper ausgeübt: nur der, den ihre eigenen Muskeln leisten. SuperCallanetics ermöglicht Menschen jeden Alters und jeder Veranlagung, sich besser zu fühlen und besser auszusehen, ohne Überanstrengungen oder Verletzungen fürchten zu müssen. Es dauert nicht Jahre wie bei Ballett oder Joga, um sich in SuperCallenetics einzuüben. Und es verlangt nicht mehr als ein oder zwei Stunden in der Woche oder einige Minuten an jedem Tag von Ihnen, um wahrhaft verblüffende Ergebnisse zu erkennen.

Ich bin auch sicher, daß Sie inzwischen nicht nur eine Veränderung Ihres Körpers festgestellt haben, sondern auch dieses wunderbare Gefühl des Selbstvertrauens, das aus der Kontrolle über den eigenen Körper erwächst. Darum sind Callanetics wie SuperCallanetics nichts anderes als *meditation in motion:* Selbstbesinnung in der Bewegung.

Wie wundervoll das ist: im Urlaub auf Ibiza, an der griechischen Küste oder einem karibischen Strand zu liegen, die wohlige Wärme und die leise Brise zu genießen, das Plätschern auslaufender Wellen im Ohr und zwischen den Lidern den rotschimmernden Ball der versinkenden Sonne, später in klarer Nacht unter Millionen Sternen; und es gibt kein Walkman-Geschepper nebenan, Umweltverschmutzung ist ganz weit weg ...

Dieses herrliche Gefühl der Entspannung, des sanften Fließens im wiederkehrenden Klingen des Meeres vereint mit dem wunderbaren Wissen, daß Sie in Übereinstimmung mit Ihrem Körper leben und seine Regungen beherrschen können: Das möchte ich Ihnen durch SuperCallanetics geben. Und ich rede gar nicht davon, wie großartig Sie durch diese Übungen in Ihrem Badedress aussehen.

Aber Sie müssen nicht Tausende für Ferien am Strand ausgeben – auch wenn ein solcher Trip zweifelsohne ein fabelhaftes und bestimmt entspannendes Erlebnis sein kann, sofern Sie die Widrigkeiten am Airport und der Flüge außer acht lassen! –, um die Dinge leichter zu nehmen und sich vom Streß des Alltags zu entgiften. Als erstes erkläre ich meinen Schülern immer, daß es absolut in Ordnung und vollkommen angebracht ist, sich zu entspannen. Das ist die Hauptsache. Unser ganzes Leben ist heute nichts als Streß. Mit Streß gehen wir schlafen, und mit Streß wachen wir auf.

Und je hektischer die Stadt und die Verhältnisse sind, in denen Sie leben, desto stressiger ist unvermeidlich Ihr Leben.

Mit SuperCallanetics können Sie diesen Einflüssen entgegenwirken. Mit jeder Übung lehren Sie sich selbst, zu entspannen. Deshalb werden Sie mich wieder und wieder sagen hören, durch alle Übungen hinduch: *Entspannen Sie Ihren Körper!* Ich kann es gar nicht oft genug sagen, und Sie können gar nicht entspannt genug sein während dieser Lektionen. Wie viele meiner Schüler haben mir erklärt, die SuperCallanetics seien ein großartiger Ersatz für Beruhigungsmittel! Und sie sind soviel gesünder. Einige tausend Menschen haben Blasentee und Abführmittel, Tranquilizer und andere Drogen beiseite gelegt, weil SuperCallanetics den gesamten Status ihres Körpers so verbessert hat, daß sie keine synthetischen Hilfen mehr brauchten gegen Probleme, die sie nie loszuwerden glaubten. Und wenn Sie erschöpft sind, überanstrengt, verärgert oder einfach fix und fertig – dann ist

SuperCallanetics besser als jede Droge. Denn Ihr Körper arbeitet für Sie.

Doch das ist es nicht allein. Während Sie lernen, Ihre Muskeln zu kontrollieren, kommen Sie nicht umhin, gleichzeitig wahrzunehmen, welch wunderbare Schöpfung Ihr Körper ist. Jede seiner Fasern ist dazu geschaffen, *benutzt* zu werden. Ihre Muskeln haben einen *Daseinsgrund*. Und wenn Sie benutzt werden, kräftigen sie all die anderen Partien Ihres Körpers, selbst die Knochen. Ich war kürzlich bei einer Untersuchung und dachte, ich sei sicher kleiner geworden. Statt dessen sagte mir der Arzt, ich sei einen Zentimeter größer. Mit einundfünfzig Jahren – ich war völlig perplex! Das konnte nur ein Irrtum sein, und darum maßen wir nach, mehrmals. Es war kein Irrtum. Ich war tatsächlich einen Zentimeter größer, und das in einem Alter und mit einer Knochenanamnese, die mich hätten »schrumpfen« lassen müssen.

SuperCallanetics wirkt wie ein gesunder Schuß vorbeugender Medizin. Ich führe mein »Wachstum« auf die wunderbare Streckung meiner Wirbelsäule zurück und auf die Kräftigung der Muskeln, die das Knochengerüst stützen. Ich sacke nicht mehr in mir zusammen. Es ist fast wie eine Garantie, daß ich auch mit Achtzig stehen werde – aufrecht und fest.

## Der Unterschied zwischen dem Ein-Stunden-Programm von Callanetics und SuperCallanetics

Erinnern Sie sich an Ihre Empfindungen nach der ersten Stunde Callanetics? Da war das Gefühl einer unglaublichen inneren Wahrnehmung – und das wunderbare Bewußtsein, daß Ihre Muskulatur für Sie arbeitete. Viele Menschen haben mir gesagt, daß sie nicht genau wußten, *was* sie fühlten – aber daß es *aufregend* war. So empfindet man sich, wenn die Muskeln stärker werden. Mit Callanetics können Sie innerhalb einer Stunde Ihre Muskeln *unglaublich* aufbauen, und wenn Sie fortfahren, Ihr Rückgrat zu strecken und Ihre Muskeln zu stärken, werden Sie kräftiger und beweglicher werden. Ihr Körper wird straffer und schöner: Der Beweis, daß Sie Callanetics richtig üben.

Bei SuperCallanetics können Sie das noch stärker empfinden. Das Erlernen dieser Intensivübungen gleicht der Erfahrung einer Wiederbelebung. Und es ist eine hervorragende Herausforderung.

Der Grundunterschied zwischen dem einfachen Stundenprogramm und SuperCallanetic ist simpel: Jede einzelne Bewegungsfolge von SuperCallanetics entspricht im wesentlichen *zwanzig* des Ein-Stunden-Programms. Also sind die Ergebnisse zwanzigmal so wirksam und merkbar.

Sobald Sie SuperCallanetics anfangen, werden Sie spüren, wieviel tiefer diese Übungen wirken, um schnellere Resultate zu erreichen.

In meinem Video zu SuperCallanetics ermahne ich ständig: Rollen Sie das Becken noch mehr nach vorn, als Sie zu können meinen! Denken Sie also daran: Das hochgekippte Becken verhilft den geforderten Muskeln zu tieferer Kontraktion und dem Körper zu effizienterer Leistung.

Ich habe bei SuperCallanetics auch erkannt, daß dieses stark gekippte Becken die notwendige Bewegung nach oben noch geringer werden läßt. Die Muskelbeherrschung innerhalb eines so kleinen Bewegungsspielraums verlangt eine ganze Menge Kraft – und das erklärt, warum SuperCallanetics so rasch auf die Straffung Ihres Körpers wirkt und sie bewahrt. Je besser und gekonnter Ihre Beckenhaltung ist, desto weniger werden Sie sich bewegen können. Und genau so soll es sein.

Mittlerweile werden Sie bemerkt haben, daß einige Bewegungen bei diesen Übungen kaum mehr wahrnehmbar sind. Da liegen Sie gar nicht falsch. Viele der SuperCallanetics zielen wirklich auf Bewegungen von kaum zwei bis höchstens acht Millimetern: Sie sind ganz winzig!

Gelegentlich fordere ich auch dazu auf, daß man sich einen Zentimeter und nicht nur ein paar Millimeter bewegen solle.

Das hat einen schlichten Grund: Viele Leute haben mir geschrieben, es sei für sie nach einiger Übung gar zu leicht, sich weniger als einen Zentimeter zu bewegen!

In diesem Fall können auch Sie mit einer sanften Bewegung von einem Zentimeter Spanne beginnen.

Wenn Sie alle SuperCallanetics bequem meistern – dann sollten Sie sich zu den Millimetern vorarbeiten: Das Ziel sind nur diese zwei Millimeter Bewegungsraum.

Es ist Ihre Herausforderung; denn sie bedeutet, daß Sie von einer perfekten Grundposition ausgehen!

Bei SuperCallanetic ist wenig mehr.

Lassen Sie sich dadurch nicht täuschen:

Diese kleine Bewegung ist unglaublich mächtig.

## Ihre Voraussetzungen für SuperCallanetics

*Vorbemerkung: Lesen Sie bitte die »Tips zum Anfang« (S. 28), bevor Sie irgendeine der Übungen von* SuperCallanetics *starten.*

Ehe Sie überhaupt mit SuperCallanetics beginnen, müssen Sie vollkommen vertraut sein mit dem Bewegungsmodus, den Begriffen und Übungen von Callanetics und ihre körperliche Verfassung durch das Ein-Stunden-Programm aufgebaut haben. Ich kann das gar nicht oft genug betonen. Selbst Mike Tyson dürfte sich nicht an SuperCallanetics wagen, wenn er nicht das Grundprogramm beherrschte: Auch wenn er noch so stark ist. Sie brauchen – je nach Kondition – *mindestens* zehn bis fünfzehn Stunden solider Erfahrung mit dem Ein-Stunden-Programm, bevor Sie sich an SuperCallanetics versuchen.

Viele meiner Schüler waren höchst überrascht, als sie von mir hörten, daß ich sie – ahnungslos – schon in einige Super-Übungen eingeführt hatte, *nachdem* mir ihre Muskelentwicklung dafür tauglich schien. Es hängt alles von den individuellen und speziellen Fähigkeiten ab. Manche finden die Gesäßübungen nach den ersten Stunden Callanetic furchtbar schwierig und die Bauchübungen schrecklich einfach – und umgekehrt. Wenn das auch für Sie zutrifft, können Sie behutsam einiges aus dem Super-Programm in Ihre einfacheren Grundübungen aufnehmen, ohne das Stundenprogramm in den übrigen Teilen zu verändern. Wenn Sie sich auch dort definitiv verbessert haben, können Sie zu SuperCallanetics übergehen.

Manche Menschen können niemals die von ihnen ersehnte Dehnungsfähigkeit erreichen, denn diese Beweglichkeit ist genetisch programmiert, und ihre Veranlagung setzt da eben aus. Sie brauchen sich weder an einem

Spagat oder als Vorturner zu versuchen, noch müssen Sie sich fragen, warum manche Mädchen ihre Beine so hoch werfen können, während Sie ihre Füße kaum vom Boden kriegen – von diesen fabelhaften Gymnastinnen ganz zu schweigen! Und andere Faktoren spielen auch eine Rolle: wie beweglich man in der Jugend war und wie schnell man diese Flexibilität der jungen Jahre wiedergewinnen kann; wie steif man nach einem Tag harter Arbeit am Schreibtisch sein kann; oder wie müde man noch am Morgen ist. Dafür besitzen andere Menschen ein wahnsinniges Streckungsvermögen und wissen es nicht einmal – weil sie es niemals beansprucht haben! Doch in den meisten Körpern schlummert die Fähigkeit zur Beweglichkeit – Sie müssen nur *Ihr eigenes* Potential verwirklichen.

Es spielt überhaupt keine Rolle, welche Figur Sie haben – sie zu straffen ist so notwendig wie Zähneputzen. Doch Sie sollten sich *niemals* zwingen, wenn die Streckübungen Ihnen zu schwierig vorkommen. Sie können am Anfang keine Wunder erwarten. Wenn Ihre Muskeln und Glieder nicht so elastisch sind, dann müssen Sie eben auf *deren Niveau* beginnen – sonst bekommen Sie später Probleme. Seien Sie geduldig. Zwingen Sie Ihren Körper nicht in Positionen, die im zuwider sind. Vergleichen Sie sich nicht mit irgend jemandem, der neben Ihnen übt: Was für den toll und erfolgreich ist, muß für Sie noch lange nicht stimmen. Deshalb meine ich sogar: Sie sollten nie mit einer anderen Person zusammen diese Dehnübungen machen. Er – oder sie – kennt Ihre Tagesform nicht, und dieser nette Wettstreit nebeneinander kann ein Fitzchen zu viel für Sie sein – was zu Überbeanspruchungen und Verletzungen führt.

Sogar Ballettänzer, die ihre Körper von Kind auf trainiert haben, haben nicht immer und manche niemals die Fähigkeit, sich so zu strecken und jene Spannweite zu erreichen, wie sie wünschen. Diese Erkenntnis hindert sie nicht, es jeden Tag von neuem zu versuchen.

Sie wissen – und Sie inzwischen hoffentlich auch –, daß man nur soviel tun kann, wie man kann: behutsam, indem man die Antworten des Körpers hört.

Sobald Sie irgendeine Anstrengung verspüren – lockern Sie die Streckung, oder lassen Sie in der Übung nach. Kehren Sie zu den Wiederholungen zurück. Ändern Sie Ihr Programm an diesem Tag. Und wann immer Ihr Körper Halt sagt: Dann hören Sie auf!

## Wie oft übt man SuperCallanetics?

Auf jeden Fall sollten Sie SuperCallanetic nicht jeden Tag betreiben. Weil es soviel mächtiger und folgenreicher wirkt als das Grundprogramm, werden einige von Ihnen – die die Übungen mit voller Konzentration und Intensität korrekt durchführen – sehr schnell merken, daß eine Lektion in der Woche genügt. Eine Stunde SuperCallanetics wöchentlich ist viel mehr als zwei Stunden Basisprogramm Callanetics. Vielleicht wollen Sie aber auch wöchentlich eine Stunde Grundprogramm und eine mit Super-Übungen durchziehen. Das geht leicht, denn SuperCallanetics enthält so viele Übungen, daß Sie die angenehmsten und besten für Sie herausziehen und zu Ihrem individuellen Callanetic zusammenstellen können.

Andere mögen meinen, daß ihr toller Körper zwei Stunden Super-Training die Woche verdient. Dann gilt die Faustregel: Nicht mehr als *die halbe Zeit,* die sie zuvor mit dem Grundprogramm gearbeitet haben.

Sobald Sie noch stärker geworden sind, können Sie allmählich die Wiederholung einiger Übungen steigern. Damit wächst die Herausforderung, aber Sie brauchen nur ein paar Minuten länger.

Doch vergessen Sie eines nicht: Wenn Sie eine ungewöhnlich arbeitsreiche Woche hinter sich haben und unfähig sind, eine ganze Lektion SuperCallanetics zu absolvieren – dann können Sie auch auf das 20-Minuten-Programm (S. 151) zurückgreifen oder noch einfacher einige Übungen in Ihren Tagesablauf integrieren. Sie stehen im Supermarkt an oder am Lift? Unterhalten Sie sich – und Ihre Nachbarn! – mit ein paar Po-, Schenkel oder Hüftübungen. Sie brauchen eine entspannende Stärkung im Büro oder während der Bahnreise, und die Servicemaid ist gerade vorbeigerollt? Stehen Sie auf und amüsieren sich – und die Nachbarn! – mit ein paar Unterarmstreckungen, Nackenentspannern oder Aufwärmübungen (wenn Platz genug ist). Und Sie werden erleben, wie Ihre Vitalität – und die der Nachbarn! – belebt wird. Auf jeden Fall sind SuperCallanetics besser für Ihre Figur als labbrige Sandwiches – und für Ihre Nachbarn auch.

Am wichtigsten ist: Spaß zu haben mit SuperCallanetics. Seien Sie einfallsreich. Sie machen das für sich, nicht für Callan. Es ist Ihr Körper. *Sie* wissen, wobei er sich wohl fühlt, und kennen seinen Rhythmus. Mit jeder winzigen Bewegung – zwischen zwei und acht Millimetern! – straffen Sie ihn sanft und formen seine Gestalt.

# Wie SuperCallanetics Ihnen helfen kann

## Zum Aufwärmen

Athleten sind oftmals verblüfft, wenn sie merken, daß SuperCallanetic eines der besten »warm-ups« für ihr Konditionstraining ist. Was immer Sie tun und Ihre Körpertemperatur erhöht, ist eine Aufwärmung, »warm-up«. Ihr Körper muß vor anstrengenden Aktivitäten aufgewärmt werden, wenn Sie nicht eine Verletzung Ihrer Muskeln, Sehnen und Bänder riskieren wollen. Sie brauchen dieses Anwärmen und werden dadurch geschmeidiger, um Ihre ganze Spannkraft zu entfalten. Und der Körper muß auch gedehnt und gelockert werden, *nachdem* er diese Muskelanspannung geleistet hat. Die Streckung für sich ist *kein warm-up:* Wenn Sie das ohne Vorbereitung versuchen, mit »kalten« Muskeln, dann können Sie sich leicht verletzen.

Es gehört zur Methode der SuperCallanetics, daß Ihre Muskeln sehr tief arbeiten, *ohne* daß Sie sich um Ihre Aufwärmung Sorgen zu machen brauchen. SuperCallanetic *ist* ein *warm-up*. Sie müssen dafür nicht die Reihenfolge der Übungen einhalten. Sie können jede Ihnen beliebige und wohltuende Auswahl treffen, auch bei sportlichen oder gymnastischen Ambitionen.

Wer SuperCallanetics betreibt, braucht Verletzungen kaum zu fürchten. Warum? Weil Ihre Muskeln *nur* reagieren, wenn sie dazu bereit sind – und nicht, wenn Sie es befehlen.

## Zur Leistungssteigerung

**Der Skiprofi** Albert Bianchi lebt und lehrt Skilaufen in Vail (Colorado). Er entdeckte Callanetics, als er vor zwei Jahren in einem Buchladen stöberte.

»Als ich das Buch durchblätterte, sah ich sehr schnell, daß das sehr gute Übungen waren, und als ich dann in den Skiwinter startete, stellte ich einen gewaltigen Unterschied meiner Fähigkeiten fest: Meine Beweglichkeit, meine Elastizität und Ausdauer waren mächtig verbessert. Und meine Innenschenkel – da gab es kaum mehr Ermüdungsprobleme.

Bei uns im Westen gibt es ein riesiges Problem mit den Skiläufern. Die Leute hier kommen fast alle aus dem Tiefland und von der Küste angereist, und der Höhenunterschied setzt ihnen körperlich gehörig zu. Skifahren stellt nicht nur physisch unglaubliche Anforderungen, besonders an Lehnstuhlathleten, die bei Saisonbeginn nicht besonders in Form sind. Sie stehen dann zusätzlich auch noch unter der Höhenbelastung, wenn sie sich die Hänge hinabstürzen – und das führt dann zu allen möglichen Verletzungen. Besonders wenn die Leute sich nicht aufgewärmt haben.

Gegen diese Risiken hat Callanetic den Leuten ebenso geholfen wie mir. Ich wußte, daß manche Skifans skeptisch gegenüber diesen Übungen sein würden, weil es nun mal keine Aerobics sind! Aber als ich mir das Programm anschaute, war ich im Grunde eher neugierig als skeptisch, und ich wußte auch, daß es sorgfältig entwickelt worden war. Ich war froh, als Callan selbst zu einigen Kursen nach Colorado kam und ich von ihr lernen konnte. Ich war wirklich überzeugt, großartig in Form zu sein: Aber sie zog mich durch ein Konditionstraining, das mich über meine eigenen athletischen Kräfte staunen ließ. Mann – ich war platt! Callanetics sind eine ganz unglaubliche Erfahrung.

Ich muß noch hinzufügen, wie sehr mir Callanetics gegen meine Kreuzschmerzen geholfen hat. Skilauf – besonders wenn du dich mit den Cracks mißt! – belastet ständig den unteren Rücken. Und ich stellte plötzlich fest, daß ich die ganze Woche ohne jegliche Beschwerden Ski laufen konnte. Callanetic hat dazu verholfen, den Druck und die Spannung in diesen Rückenpartien abzubauen.

Ich wünschte mir nur, Callan käme herüber! Hoffentlich macht sie hier bald ein Studio auf, damit die anderen Skifans auch die Wohltat dieser Übungen genießen können.

Jetzt bin ich fit für SuperCallanetics.«

**Die Sängerin** Ann Whitney arbeitet an der Oper und tritt in Musicals auf. Als sie mit Callanetics begann, machte sie ein paar überraschende Entdeckungen.

»Beim Singen braucht man besonders das Zwerchfell, die Bauch- und die Rückenmuskulatur.

Ich habe gemerkt, daß diese Muskeln durch Callanetics viel kräftiger wurden. Ich konnte meinen Brustkorb weiter dehnen und größer atmen, so daß ich auch die Töne und Phrasen viel länger halten konnte.

Ich habe auch viel mehr Vertrauen zu meinem Körper gewonnen. Er wurde stärker, und ich atmete freier.

Jetzt habe ich das Gefühl, daß die Noten aus mir heraus*strömen* und nicht mehr gepreßt und gequetscht klingen.«

Ein weiterer Vorzug von SuperCallanetics ist die Verbesserung der Körperhaltung. Das ist besonders wichtig für Darsteller, die unter Umständen Stunden auf der Bühne stehen.

»Beim Singen muß man eine gute ›Bodenhaftung‹ haben. Sobald du zusammensackst, kann dir der ganze Brustkasten einbrechen. Es fehlt dir nicht nur der Platz zum anständigen Atmen, sondern du klingst fürchterlich. Callanetics und SuperCallanetics haben mich gelehrt, wie ich mich selbst öffnen und bequem stehen kann. Ich weiß jetzt, daß ich alle notwendige Muskelstärke besitze und sie dazu da ist, sich *für mich* zu entfalten und zu arbeiten. Ich weiß auch, daß *ich* meinen Körper kontrolliere und nicht er mich. Ich brauche mir keine Gedanken mehr zu machen, wie ich gerade stehe und was ich mache, wenn ich singe. Ich muß nur noch eines: Singen!«

**Die Tänzerin** Cindy Bennett ist Ballerina einer Ballettgruppe. Auch sie machte durch Callanetics einige interessante Erfahrungen mit sich selbst. »Ich war überzeugt, daß ich über meinen Körper alles wußte und mächtig stark war. Die Callanetics haben mich eines Besseren belehrt. Ich konnte mir gar nicht vorstellen, daß diese Übungen auch nur die leiseste Schwierigkeit für mich bedeuteten, weil ich ja gelernt habe, meinen Körper perfekt zu kontrollieren. Und Tänzer müssen besonders darauf achten, was in ihrem Körper vorgeht – denn das ist unser Leben!

Aber als ich mit Callanetics begann, kam ich tatsächlich mit den Übungen für den Po und die Hüften nicht zurecht – dabei sollte man denken, das seien die leichtesten für einen trainierten Tänzer. Es war richtig peinlich.«

Doch Cindy blieb bei der Stange und fand zu ihrer Überraschung bald heraus, daß ihr Po, der nach so vielen Jahren Tanzen und Strecken wirklich straff war, noch straffer wurde. Ihre ganze Figur veränderte sich, zum Besseren natürlich …

»Callanetics hat nicht nur meinen Hintern geformt, sondern gerade den Muskeln geholfen, die ein Tänzer braucht, um sich in Position zu bringen. Meine Beine wurden viel stärker, und ich konnte höher springen. Meine Arbeit auf Spitzen wurde besser und exakter. Und durch die Dehnungen verbesserte sich auch die Spannweite meiner Beine – wie hoch ich sie jetzt bringen kann!«

Andere Tänzer machten die gleichen Erfahrungen. Doch wie Sie schon wissen: Man braucht kein Profi zu sein, um die Vorzüge von Callanetics zu nutzen und zu genießen. Cindy arbeitet jetzt mit SuperCallanetics.

## Zur Haltungsverbesserung

Als ich auszog, die Welt zu erobern – ist diese jugendliche Anmaßung nicht wunderbar?! –, begann eine Reisezeit von mehr als zehn Jahren. Nachdem ich in so vielen fremden Ländern lebte, bemühte ich mich auch, die Bräuche und Sitten eines jeden von ihnen zu lernen, um die Menschen dort nicht zu befremden oder zu kränken. In den meisten Ländern war der Mann der liebe Gott und die Frau das Arbeitstier; oft genug auch gleich noch der Pflug dazu. Während meines unschuldig abenteuerlustigen Zuges von Land zu Land wurde mir gar nicht klar, wie instinktiv ich meine Haltung verändert hatte, um dem unterwürfigen Erscheinungsbild der Frau zu entsprechen und unauffällig zu bleiben.

Japan war in dieser Beziehung der absolute Höhepunkt. Ich hielt mich vornübergebeugt, damit ich nur keine Aufmerksamkeit auf mich zog (wodurch meine üblen Rückenprobleme noch schlimmer wurden); ich nahm die Hand vor den Mund, bevor und nachdem ich sprach; ich senkte den Kopf, wenn Männer zu mir sprachen: So wie es dort der Brauch ist.

Als ich dann nach Amerika zurückkam, in die westliche Welt, entdeckte ich, daß meine Erscheinung und meine Haltung das Bild eines bemitleidenswerten Schwächlings abgaben. Ich war, wennschon unfreiwillig, zur perfekten Zielscheibe mutwilliger Angriffe geworden.

Zu den Dingen, die diesen jämmerlichen Eindruck wieder zurechtrückten, gehörte ganz offensichtlich meine Körperhaltung. Je mehr ich an meinen Übungen arbeitete, je aufrechter ich stand und ging – desto mehr Selbstvertrauen gewann ich, desto mehr akzeptierten mich die Leute als ihresgleichen. Als ich dann weiterging zu SuperCallanetics und meine ganz Haltung noch straffer, mein Vertrauen in mich noch größer wurde – da richteten sich alle Blicke auf mich, wenn ich einen Raum betrat, und die Leute fragten sich, wer ich sei. In ihren Augen war ich jetzt mehr als ihresgleichen. Nicht weil *ich* so bedeutend war – es war *meine Haltung*, die diesen Eindruck bei ihnen auslöste.

Die Art, wie Sie sich halten, gibt Ihrer Umwelt Zeichen – positive oder negative. Stellen Sie sich vor, Sie betreten den Sitzungsraum eines Konzerns, und all die Vorstandsherren dieser schauderhaft wichtigen Gesellschaft warten darauf, Sie für den Job Ihres Lebens zu examinieren. Die ersten Eindrücke sind immer die wichtigsten. Sie werden diesen begehrten Job – oder irgendeinen von Bedeutung – nie bekommen, wenn Sie da zusammengesackt hineinspazieren, mit vorspringendem Bauch, herausgestrecktem Hintern und hängendem Kopf. Außerdem verrät Ihre Haltung sehr viel über Ihre innere Verfassung. Was glauben Sie, woher Straßendiebe wissen, wen sie beklauen sollen? Sie schätzen ihre Opfer nach deren Kraft und Haltung ab. So furchtbar das ist – es ist ihr Beruf.

SuperCallanetics hat mich von den Sorgen um meine Haltung befreit. Verblüffend war nur die Erinnerung, daß man mich als Kind gelehrt hatte, mit einem Buch auf dem Kopf zu gehen. Ich hatte diese albernen, aber wichtigen Lektionen meiner Kindheit vergessen und habe einen sehr hohen Preis dafür bezahlt, nicht mehr darauf zu achten, wie mein Körper sich anderen Menschen darstellte.

Dank SuperCallanetics kann ich heute jeden Raum betreten, den Kopf hoch, aufrecht und locker, und weiß: Keiner wird mich je wieder für eine devote Frauensperson halten!

## Wie man SuperCallanetics übt

Ich habe alle Ausreden der Welt gehört, warum man *nicht* mit Callanetics oder SuperCallanetics beginnt. Die einen behaupten, sie seien zu alt. Die anderen, es sei zu spät. Die nächsten sind angeblich aus Veranlagung dick. Und jene wissen leider, leider, daß ihnen auch SuperCallanetics nicht helfen kann. Meine Lieblingsausrede ist das »Schilddrüsenphänomen.« Diese Leute sind sich ganz sicher, daß alle ihre Gewichts- und Körperprobleme von einer Unterfunktion ihrer Schilddrüsen herrühren. Für ein paar unter Tausend mag das ja zutreffen. Aber wenn Sie wirklich glauben, Ihr Übergewicht sei durch medizinische Probleme begründet – dann *müssen* Sie sofort zum Doktor eilen.

Manche nehmen einen ersten Anlauf und hören sofort wieder auf. Sie wollen schon gut aussehen, aber sie sind nicht bereit, dafür auch etwas zu tun. Statt dessen beklagen sie sich ständig darüber, wie schrecklich sie ausschauen und wie schlecht sie sich deshalb fühlen.

Sie wissen gar nicht, was ihnen alles entgeht! Sie brauchen keinen Spezialdreß, keine Spezialgeräte und keine spezielle Vorbereitung, um SuperCallanetics zu üben. Sie können das tun, wann und wo immer Sie mögen. Am Morgen, am Mittag oder am Abend. In einem Hobbyraum mit einer Stange, im Schlafzimmer auf einer Matte oder sogar beim Fernsehen, während Sie sich an einem Möbelstück zur Balance abstützen. Im Hinterhof oder im Dunkeln, wenn Sie dafür eine Vorliebe haben. Alles, was Sie brauchen, ist eine Stunde ununterbrochen Zeit. Aber ich gestehe: Ich telefoniere dabei sogar – wenn ich ein schnurloses Gerät habe.

### An der Stange

Viele der SuperCallanetics übt man an einer Stange. Wie Sie schon aus den früheren Übungen wissen, genügt da auch ein stabiles Möbel, um sich und die Balance zu halten.

Benutzen Sie eine gepolsterte Übungsmatte oder eine gefaltete Decke für Bodenübungen, bei denen Sie knien müssen: Sie schützen damit Ihre Knie gegen Druck und blaue Flecken.

Vielleicht haben Sie auch eine rutschfeste Badematte zur Hand, die Sie unter die Füße legen können, wenn Sie bei den Standübungen auszugleiten fürchten.

Und bedenken Sie eines: Benutzen Sie nie einen Handtuchhalter, um Ihr Gewicht abzustützen! Die Dinger sind für Handtücher gemacht und für sonst nichts.

## Bei den Hängeübungen

Sollten Sie das Buch schon durchgeblättert haben, dann mag Ihnen aufgefallen sein, daß eine meiner Lieblingsübungen zur Aufwärmung und Rückenstreckung, *das Hängen,* darin nicht zu finden ist. Aus gutem Grund: Manche Leute betreiben dieses »Aufhängen« in ganz unverantwortlicher Weise. Eine Frau schrieb mir, sie habe sich an einen jungen Ast (oder alten Zweig ?) gehängt – und er brach. Was hatte sie anderes erwartet?

Ich bin absolut für das Aufhängen. Es streckt die Wirbelsäule ganz wunderbar. Aber die meisten Leute besitzen keine Sprossenwand wie ich in meinem Studio, und sie finden es unbequem, sich an eine Tür zu hängen, wie ich in Callanetics vorschlug.

Wenn Sie zu diesen Übungen entschlossen sind, dann leisten Sie sich die geringen Kosten einer stabilen Klemmstange, und bauen Sie die solide ein, zum Beispiel in einem Türrahmen aus Metall. Dann können Sie sich nach Herzenslust daran aufhängen. Das erste Mal bitte nicht länger, als Sie 1,2,3 zählen. Wenn Ihre Handgelenke stärker werden, können Sie allmählich bis auf 60 steigern. Doch niemals länger, als Sie es als angenehm empfinden. Ihr Körper soll immer locker und entspannt bleiben.

## Was Sie nicht tragen sollen

**Schuhe.** Wie Sie aus Callanetics wissen, trage ich an meinen Füßen nie mehr als Ballettslippers. Noch lieber gehe ich barfüßig, aber im Laufe eines Fototermins werden die Füße ein bißchen zu schmutzig, um Sie Ihnen zu präsentieren. Scharfe Beobachter werden dennoch merken, daß ich auf einigen Bildern barfuß bin.

Tragen Sie also Schläppchen, Socken oder gar nichts an den Füßen, wie Sie mögen. Aber wenn Sie auf glattem Grund üben, sollten Sie eine rutschfeste Matte zur Hand haben. Schuhe sind einfach zu schwer für SuperCallanetics. Wenn Sie etwa bei den Po-Übungen Aerobic-Schuhe anhaben, werden sie sich nach ein paar Wiederholungen wie Zentnergewichte anfühlen. Und Sie können Sie aus der Balance bringen. Wenn Ihnen jedoch der Arzt Einlagen verschrieben hat, und Sie daran gewöhnt sind, die in Ihren Trainingsschuhen zu tragen, dann behalten Sie das bei den Standübungen getrost bei.

**Trikots.** Im Studio bestehe ich nur auf einem: Daß meine Schülerinnen – und die Schüler natürlich! – *keine* Trikots tragen, die sie wie Gürtel einengen. (Es sei denn bei ärztlicher Vorschrift.) Solche Trikots können ihre Blutzirkulation einschränken. Als einzigen Gürtel sollten Sie den Ihrer Muskeln tragen, er ist der beste und natürlichste.

Außerdem gibt es beim An- und Ausziehen dieser engen Bodyformer ein Problem. Bestehende Rückenprobleme können sich verstärken, und nebenbei ruinieren diese Dinger Ihre Maniküre.

Ehrlich gesagt habe ich auch die Erfahrung gemacht, daß verschönernde Trikots aus Stretch bei SuperCallanetics gar nicht gut sind. Man hält seinen Körper für toller, als er ist, und darunter leidet die Kontrolle der Übungen. Wenn Sie Ihren Körper nicht sehen und nicht wahrnehmen, was Ihre Muskeln tun, werden Sie dabei nicht so gut arbeiten.

## Vor dem Spiegel

Bevor Sie in der Bewunderung Ihres neuen SuperCallanetics-Körpers erstarren, muß ich etwas über all die Spiegel sagen, vor denen Sie sich wiederfinden. Auch wenn Spiegel höchst nützlich für Sie sind, um die Positionen bei vielen der Übungen zu kontrollieren, ist es sehr wichtig, daß Sie nicht von Ihnen *besessen* werden. Sie sollten imstande sein, zu *fühlen,* wie Ihr Körper für Sie arbeitet. Ihre Muskeln antworten auf das, was Sie Ihnen sagen. Sie brauchen keinen Spiegel, wenn Sie die Übungen spüren. Und bedenken Sie, was Narziß geschah. Er verzehrte sich in Liebe zu seinem Spiegelbild und wurde zur Blume verwandelt.

## Zur Begleitmusik

Sie erinnern sich, daß ich etwas gegen Begleitmusik habe. Schon beim Stundenprogramm Callanetics riet ich Ihnen:

Schalten Sie die Musik ab. Zum einen ist es fast unmöglich, nicht auf den Beat im Ohr einzugehen und Takt zu halten: Man bewegt sich instinktiv im Rhythmus. Beim Tanzen ist das phantastisch, aber nicht bei Callanetics und SuperCallanetics.

Zum anderen sind viele Leute aus tänzerischen Aerobic-Übungen an harte, aufputschende Musik gewöhnt. Auch als *ich* einmal zu lauter Musik übte, fühlte ich mich danach ganz großartig; doch der Katzenjammer ließ nicht lange auf sich warten, und ich fühlte mich plötzlich völlig ausgelaugt, anstatt einen neugewonnenen Energiestrom zu verspüren.

Nachdem Sie ohnehin wissen, daß meine Philosophie so ungefähr das Gegenteil von allem ist, was überall für *in* gilt, muß ich auch noch gestehen, daß das Schreien, Kreischen und Dröhnen in vielen Studios heute reichlich genügt, die meisten Menschen in die Klapsmühle zu bringen. Und sei es nur, um auszuruhen.

Darum meine ich, daß Üben ohne Musik oder zu sehr beruhigenden Klängen viel zuträglicher ist für eine entspannende Lektion. Es ist doch so ähnlich, als ginge man in eine Kirche oder verbringe eine Zeit allein mit seinem Schöpfer. Viele Menschen tun das, auch wenn sie nicht besonders religiös sind. Sie suchen Stille und Frieden und die Chance, all den Lärm ringsum zu vergessen. Er bombadiert sie praktisch jede Sekunde des Tages. Er attackiert ihre Nerven und hat unleugbar negative Wirkungen. Und mir ist es so ergangen, daß ich mit zunehmenden Jahren empfindlicher werde und einen Hafen der Stille suche, in dem ich zu mir selbst finden kann. Mit Achtzehn findet man laute Musik und einen vollen Sound ganz toll; doch wenn man älter wird, ziehen die meisten Menschen Klänge vor, die den Geist beruhigen und die Seele besänftigen und nicht in den Ohren noch stundenlang dröhnen.

*Nutzen* Sie die Stunden mit SuperCallanetics, Ihr Gemüt von negativen Strömungen zu befreien. *Fühlen* Sie, wie Ihr Körper leicht wird und schweben und gleiten könnte wie ein Vogel in den Lüften. Nicht wie ein Kolibri – ich bin immer völlig erschöpft, wenn ich das Flügelschwirren dieser bebenden Kleinode der Natur betrachte!

Trotz alledem kann ich sagen: Selbst wenn Sie SuperCallanetics zu den schrillen Klängen von Punk Rock, Heavy Metal oder plärrendem Pop betreiben, brauchen Sie nicht an sich zu zweifeln, solange Sie die Toleranzschwelle Ihres Trommelfells respektieren. Sobald Sie die Übungen beherrschen, besitzen Sie eine so ernorme Kontrolle über Ihre Muskeln, daß Sie praktisch bei jeder Art von Musik üben können.

SuperCallanetics ist ein Programm, das Geist und Körper ganz auf die Korrespondenz zwischen ihren behutsamen, winzigen und kontrollierten Bewegungen richtet. Musik spielt dann keine andere Rolle mehr, als Ihre Ohren zu erfreuen. Und dann treffen Sie schon die richtige Wahl.

## Zum richtigen Atmen

Als ich zu unterrichten begann, waren einige Schülerinnen so auf »heavy breathing« fixiert (Sie kennen dieses Keuchen vom Tennisplatz!), daß die ganze Gruppe außer Kontrolle geriet. Sie waren so sehr mit ihrer »Atemtechnik« beschäftigt, daß sie darüber den Übungsablauf vergaßen.

Es störte auch die anderen, die locker und ruhig waren: Jeden Moment überfiel sie dieses stöhnende *Uggh!* beim Einatmen und dann das jähe *Uggh!* beim Ausatmen, häufig genug von ziemlich unappetitlichem Gespeichel gefolgt ... Und zwischendurch haben sie sich auch den Puls gefühlt ... Wie man Menschen doch abrichten kann.

Und da dachte ich, es stimmt etwas nicht. Da sind all diese Menschen, und ihr Herz ist bestimmt in guter Verfassung; aber ihr körperlicher Zustand – au weia! Der Anblick ist ziemlich beklemmend, besonders bei wabbeligen Hautfalten.

Wenn Sie SuperCallanetics üben: Atmen Sie ganz normal, wie es Ihrer Natur entspricht. Sie werden keine Probleme haben.

## Die Schlüsselbegriffe

Ich benutze bestimmte Wörter und Begriffe, die Sie sich einprägen sollten. Denn es sind die Schlüssel, durch die SuperCallanetics sich Ihnen erschließt.

Darum diese Liste:

- Arbeiten Sie immer nach Ihrem eigenen Tempo.
- Hören Sie auf Ihren Körper.
- Erzwingen Sie niemals irgend etwas.
- Sanfte, zarte kleine Bewegungen.
- Leicht wie eine Feder.
- Fließend wie eine Feder.
- Entspannen Sie den ganzen Körper.
- Ihr Körper ist wie eine Stoffpuppe.
- Lassen Sie sich in den Boden tropfen.
- Vergleichen Sie sich niemals mit anderen.
- Dreifach verlangsamte Bewegung.

Jeder von uns ist anders, Gott sei Dank. Und ebenso verschieden sind unsere Körper geformt und gestaltet. Darum habe ich immer betont, daß Sie sich *niemals mit einem anderen vergleichen* dürfen. SuperCallanetics ist kein Wettrennen, da tickt keine Stoppuhr. Niemand hetzt Sie, keiner verlangt, daß Sie Brust an Brust mit anderen das Zielband durchreißen. Es spielt keine Rolle, wie oft ein anderer die Übungen wiederholen kann. Sie können sich nur mit dem vergleichen, was *Sie* leisten können. Darum halten Sie immer daran fest, *nur nach Ihrem eigenen Tempo* zu arbeiten.

Am allerwichtigsten: *Hören Sie auf Ihren Körper.*

Und: *Erzwingen Sie niemals irgend etwas.*

Eines meiner Lieblingswörter heißt *sanft.* Es ist ein sehr, sehr freundliches Wort, und es klingt auch so.

Wenn Sie sanft zu Ihrem Körper sind, erweisen Sie ihm den Respekt, den er verdient. Sind Sie es nicht – dann ist das so, als ob Sie ein altes chinesisches Porzellan in die Spülmaschine geben. Das hält es nicht aus. Alle Bewegungen in SuperCallanetics müssen sanft sein. Zart und fließend.

*So leicht und fließend wie eine Feder.*
*Entspannen Sie Ihren ganzen Körper.*
*Hören Sie auf Ihren Körper.*
*Arbeiten Sie immer nach Ihrem eigenen Tempo.*

## Einige Tips vor dem Start

Einige meiner ständigen Begriffe und Anweisungen könnten Sie mißverstehen, wenn Sie mit Callanetics nicht vom ersten Buch her vertraut sind. Lesen Sie diese Tips darum bitte sorgfältig.

### Wiederholen Sie das auf der anderen Seite

Die Übungen von SuperCallanetics beginnen immer mit der rechten Seite. Zum Beispiel für den Po: Da *sitzen* Sie auf der linken Seite, aber Sie.*arbeiten* für die rechte Seite. So gut wie jede Übung wird auf der anderen Seite wiederholt.

### Lösen Sie sich aus der Position

Nach jeder Übung sollen Sie sich entspannen und in einer *dreifach verlangsamten Bewegung* (S. 29) aus Ihrer Position lösen. Wie Sie das tun, steht am Ende jeder Lektion.

### Machen Sie eine Atempause

Nette Menschen haben mir geschrieben, daß sie diese Atempause nutzen, um in die Küche zu gehen, eine Tasse Tee zu trinken oder ein bißchen mit Freunden zu telefonieren, und dann die Callanetics wieder aufnehmen. *So ist das nicht gemeint* – auch wenn mit der Gedanke gefällt! Denn bei diesem Verfahren würden Sie drei Tage brauchen, um *ein* Stundenprogramm hinter sich zu bringen.

»Atempause« meint etwas anderes. Wenn Sie finden, daß die Übung Ihnen ein bißchen schwerfällt, dann sollen Sie mal tief Luft holen! Lösen Sie sich aus der Position, atmen Sie ein paar Sekunden durch, damit Sie locker werden – und dann nehmen Sie die Position und Übung wieder auf. Und atmen Sie immer natürlich, halten Sie niemals die Luft an!

### Arbeiten Sie nach Ihrem Tempo

Jeder Tag ist neu und anders: Nach derselben Regel reagiert der Körper auf die verschiedenen Übungen. Manchmal wird er locker und geschmeidig sein, und die Übung verstreicht wie im Flug. Ohne weiteres Nachdenken machen Sie 100 Wiederholungen! Aber am nächsten Tag schaffen Sie kaum 20 und verfallen in Panik. Vielleicht ist das Wetter lausig, oder der Wagen hat gestreikt, oder Sie haben sich den Magen verdorben, oder die Arbeit war so stressig, oder Sie sind überhaupt überanstrengt und wissen nicht mehr ein noch aus. Oder Ihre Muskeln sind einfach erschöpft. *Don't worry, be easy!*

Entspannen Sie sich. Hören Sie auf Ihren Körper. Nehmen Sie ein wenig Rücksicht auf ihn: Weniger Wiederholungen, nicht so schwierige Übungen. Wenn Sie wirklich in einer harten Strähne stecken, dann setzen Sie halt mal aus. Machen Sie etwas aus dem Stundenprogramm Callanetics und kehren Sie zu SuperCallanetics zurück, wenn Sie sich besser fühlen.

Hören Sie auf Ihren Körper.

Einen meiner liebsten Briefe hat ein 80jähriger aus Arizona geschrieben. Er wollte mir sagen, daß er es abends gar nicht abwarten könne, zu Bett zu gehen, weil er doch am nächsten Morgen wieder SuperCallanetics machen könne!

Wenn ich einen schlechten Tag habe, denke ich an ihn, und ich fühle mich gleich sehr viel besser. Dieser Mann, das weiß ich, *lebt* mit seinem Körper und *hört* ihn. Sonst könnte er mit 80 Jahren nicht SuperCallanetics treiben!

### Position Hüftbreite

Stellen Sie sich hin, und legen Sie die Hände auf die Hüftknochen. Nun schauen Sie auf die Füße. Sie sollten auf der gleichen Linie wie Ihre Hüften stehen. So haben Sie die richtige Balance. Bei den meisten Menschen ist die Hüftbreite soviel wie »ein Fuß auseinander«. Mit einem Metermaß können Sie sich auf diese 30 Zentimeter einrichten.

### Kippen Sie das Becken hoch

Wenn Sie Callanetics absolviert haben, können Sie Ihr Becken im Schlaf hochkippen! Diese Bewegung ist so entscheidend für alle Callanetic-Übungen, daß ich ihre Ausführung noch einmal vorab beschreiben will.

In meinen Kursen brauche ich immer noch eine Menge Geduld, um meinen Schülern diese Übung beizubringen. Männer wie Frauen scheinen kaum zu wissen, wo ihr Becken ist, geschweige denn, was man damit anfängt. (Darum wundere ich mich auch nicht mehr über Scheidungsziffern.) Und wenn sie das dann herausfinden und seine fließende Bewegung kennenlernen, fühlen sie sich unglaublich ausgesetzt und verletzlich. Für viele Menschen muß das offenbar eine sehr peinigende – oder peinliche? – Selbsterfahrung sein. Aber dieses – sagen wir's deutlich: sexuelle – Gefühl ist wirklich nichts, wofür man sich schämen muß. SuperCallanetics wird Ihnen helfen, dieses unsinnige Unbehagen an einer Körperregion zu verlieren, indem es die Gestalt und Harmonie ihres Körpers formt.

Sie müssen das so verstehen: Das Becken ist das Fundament Ihres ganzen Rückenaufbaus, der Schlüssel zu Ihrer Körperhaltung. Wie Sie stehen, sitzen, sich bewegen – das hängt von diesem Fixpunkt ab. Je leichter Sie Ihre Gelenke und Glieder in einen leichten, flüssigen Bewegungsablauf einordnen, desto aufrechter können Sie stehen und gehen – wie ein prächtiger Vogel, ein seiner selbst sicherer Mensch. Und wenn Sie Ihr Becken noch ein Stückchen weiter nach oben kippen, als Sie zu können glauben – dann werden Ihre Muskeln noch straffer werden. Das ist eine phantastische Stütze für die untere Rückenpartie!

Vergessen Sie dabei nicht: Straffen Sie die Pobacken und kippen Sie das Becken zum Nabel – der Rücken folgt dann schon.

Sie können Ihr Becken immer höher winden, als Sie denken!

### Dreifach verlangsamte Bewegung

Mit diesem Begriff dürften Sie inzwischen vertraut sein. Ich weiß, ich habe es schon früher gesagt, doch ich kann es nicht oft genug sagen, und tue es darum immer wieder: Was immer Sie tun, es sollte sich ansehen wie durch eine Zeitlupe. Noch langsamer. Und dann in der Bewegung kaum wahrnehmbar: Dann sind Sie die Größte, der Star.

Aber sanft. Wie eine Feder schwebt und fließt ...

## Eine Anmerkung zu den Standübungen WICHTIG!

Bei dem Programm SuperCallanetics für Fortgeschrittene gibt es die Anweisung: Stehen Sie fest auf beiden Füßen! Dabei können Sie die Beine gerade halten: Aber Ihre Knie müssen immer locker sein und dürfen niemals blockiert werden.

# Zum Aufwärmen

# Auf und ab

**Diese Übungen strecken die Wirbelsäule und lockern die Knie**

■ Stehen Sie mit den Füßen in der Position Hüftbreite. Strecken Sie beide Arme zur Decke, so hoch Sie können. Straffen Sie die Pobacken, und kippen Sie das Becken hoch. Noch ein bißchen mehr. Entspannen Sie die Knie – nicht blockieren! –, und halten Sie die Füße flach auf dem Boden.

■ In einer weichen Bewegung beugen Sie jetzt sanft die Knie, soweit es geht, und neigen den Oberkörper mit ausgestreckten Armen zum Boden – genauso, als wollten Sie etwas aufheben, was vor Ihnen liegt. Ihr Rumpf wird so weit wie möglich gestreckt.

*In dieser Position sollen Sie das Becken* ***nicht*** *kippen.*

■ Nun schwingen Sie sanft die Arme zurück und heben sie hinter dem Körper so hoch es nur geht. Ihre Knie werden sich etwas strecken, und der Po wird sich mit der Bewegung Ihrer Arme nach hinten (und hoch) heben.

**BEACHTEN SIE**

Wenn Sie die Arme nach hinten schwingen, erreichen Sie einen der wenigen Momente, in denen Ihr Becken **nicht** gekippt ist.

■ Wenn Sie nun die Bewegung in die Ausgangsposition zurückführen, straffen Sie wieder den Po und kippen das Becken ganz stark hoch. Halten Sie es gekippt, bis die Arme wieder hoch zur Decke gestreckt sind!

**5 bis 15 Wiederholungen**

## TIPS

- Wenn Sie nach hinten wanken, müssen Sie das Becken stärker kippen.
- Krümmen Sie nicht den Rücken, wenn Sie die Arme zur Decke strecken.
- Entspannen Sie die Knie vollkommen.
- Halten Sie die Schultern locker.
- Lassen Sie den Nacken locker.
- Ihr ganzer Körper ist entspannt, auch die Füße.

# Swinger

■ Das ist die gleiche sanfte Schwungstreckung wie »Auf und Ab«, allerdings aus einer gebückten Haltung: Wie im Bild.

*Ihr Körper ist wie eine Stoffpuppe.*

■ Halten Sie die Knie und den ganzen Körper sehr locker. Sie sollten sich wie eine Stoffpuppe fühlen. Und dann schwingen Sie die Arme zurück und vor, wobei sich ihre Knie sanft auf und ab bewegen.

■ Wenn Sie fertig sind, strecken Sie sich jeweils, Wirbel für Wirbel, in die Standposition. Denken Sie daran, den Po zu straffen und das Becken zu kippen!

**10 bis 15 Wiederholungen**

## TIPS

■ Entspannen Sie die Knie vollkommen.
■ Halten Sie die Schultern locker.
■ Lassen Sie den Nacken locker.
■ Ihr ganzer Körper ist entspannt, auch die Füße.

# Hüftstreckung

■ Stehen Sie mit den Füßen in der Position Hüftbreite. Legen Sie die linke Hand auf die linke Hüfte; der Ellbogen ist dabei nach außen gewinkelt. Wenn es Ihnen bequemer scheint, können Sie die Hand auch auf den Oberschenkel legen. Greifen Sie mit dem rechten Arm so hoch Sie können. Beugen Sie die Knie ein wenig.

*Strecken Sie sich noch weiter zur Seite, als Sie zu können meinen. Wegen meiner angeborenen Knochenprobleme komme ich nicht so weit, wie ich möchte. Die meisten meiner Schülerinnen können es besser und strecken den Arm entsprechend schöner.*

■ Straffen Sie den Po, und kippen Sie das Becken so weit es geht. Versuchen Sie, mit dem rechten Arm noch höher zu reichen – bis Sie merken, daß Ihr Trikot rechts hochrutscht! Das streckt Ihren Rumpf noch mehr. Und nun lehnen Sie sich sanft, und so weit Sie können, mit ausgestrecktem rechten Arm nach links – und noch ein klein wenig mehr!

■ Bewegen Sie den Rumpf auf und ab, nicht mehr als 2 bis 8 Millimeter, während Sie den Arm in einer weichen, anhaltenden Bewegung nach links strecken.

## 100 Wiederholungen

■ Um sich sanft aus dieser Streckung zu lösen, darf man sich nicht schnurstracks aufrichten. Dadurch würden Sie Ihren unteren Rücken abrupt belasten!
Statt dessen gehen Sie erst tief in die Knie und strecken den rechten Arm und den Körper sanft frontwärts und dann in einer weichen und fließenden Bewegung nach rechts. Dabei spüren Sie, wie Ihre Wirbelsäule sich dehnt!

*Wenden Sie sich in einer weichen, anhaltenden Bewegung zur anderen Seite.*

■ Wenn Sie fühlen, daß Ihr Rücken ganz entspannt ist, und Sie sich nicht weiter nach rechts wenden können: dann heben Sie sich langsam in die Ausgangsposition, straffen dabei den Po, kippen das Becken und recken Wirbel für Wirbel das Rückgrat.

■ Wiederholen Sie diese Übung auf der anderen Seite.

## 100 Wiederholungen

## TIPS

- Sie können sich immer weiter strecken, als Sie glauben.
- Entspannen Sie die Schultern.
- Halten Sie den ausgestreckten Arm so gerade und so nahe am Kopf wie nur möglich.
- Wenn Sie sich auf der Gegenseite schon am Ende meinen, können Sie sich da ein wenig höher strecken.
- Entspannen Sie den Nacken.
- Ruckeln Sie nicht auf und ab, die Bewegung während dieser Streckung ist kaum wahrnehmbar.
- Entspannen Sie die Knie.

# Unterarmstraffung

■ Stehen Sie mit den Füßen in der Position Hüftbreite. Beugen Sie die Knie ein klein wenig. Strecken Sie die Arme genau in Schulterhöhe weit zur Seite. Rollen Sie langsam die Hände nach vorn, so daß Ihre Handflächen und die Daumen zur Decke weisen.

*Auch wenn Ihnen hier die Beine ganz gerade gestreckt scheinen, sind die Knie entspannt!*

■ Die Knie bleiben locker, während Sie den Po straffen und das Becken ganz weit nach oben kippen. Achten Sie darauf, daß dabei das Rückgrat gerade bleibt, der Kopf aufrecht und die Schultern zurückgenommen und entspannt sind.

■ Bewegen Sie die Arme sanft in den Rücken, halten Sie dabei die Hände in Schulterhöhe und die Arme gestreckt. Und nun rollen Sie die Arme ganz zart 2 bis 8 Millimeter einwärts und auswärts.

**100 Wiederholungen**

■ Während dieser leisen Rotationsbewegung können Sie gleichzeitig Ihre Balance verbessern. Verlagern Sie Ihr Gewicht auf ein Bein. Heben Sie das andere gebeugt, bis das Fußgelenk die Kniehöhe erreicht – oder wie auf dem Foto noch höher! –, und stehen Sie in dieser Position so lange, wie es Sie nicht anstrengt.

*Je mehr Kontrolle Sie über Ihre Balance gewinnen, desto höher können Sie das Knie nehmen.*

**50 Wiederholungen auf jedem Bein**

**Sobald Sie die Balance beherrschen:** Versuchen Sie, das Bein so weit und so hoch Sie können vom Körper wegzustrecken.
Schulter und Hände müssen dabei jedoch gerade bleiben, der Rumpf aufrecht und das ausgestreckte Bein locker!

**50 Wiederholungen auf jedem Bein**

*Wenn Sie diese Balancehaltung einnehmen, werden Sie das erhobene Bein anfangs wahrscheinlich ein wenig beugen, bis Sie mit dem Gewicht auf dem anderen Bein vertraut und sicher sind.*

- Wenn Sie diese Übung beenden, setzen Sie das erhobene Bein sanft und in dreifach verlangsamter Bewegung zu Boden. Dann beugen Sie langsam die Ellbogen und senken die Arme.

**Beachten Sie**

Je aufrechter Sie den Körper halten, je höher Sie die Arme im Rücken heben und je mehr Sie die Handgelenke drehen können – desto mehr straffen Sie die Unterarme, lockern Sie die Partien zwischen den Schulterblättern und strecken Sie die Brustmuskeln. Durch die Streckung der Brustmuskulatur können und werden Sie die Schultern weiter zurücknehmen. Das ist wesentlich für eine korrekte Haltung!

## TIPS

- Halten Sie das Becken hochgekippt, wenn Sie mit beiden Beinen auf dem Boden stehen.
- Das Schwergewicht wird Ihre Arme immer niederziehen, darum halten Sie sie möglichst hoch.
- Halten Sie den ganzen Körper locker, und besonders den Nacken.
- Blockieren Sie nicht die Knie, sie müssen entspannt sein.
- Wenn Sie an Ihrer Balance arbeiten, sollten Sie auf jedem Bein bis 50 zählen können.

# Kniesehnen-streckung im Stand

Diese Übung wende ich gerne an, wenn mein unterer Rücken vom langen Sitzen steif geworden ist. (Bei leichten Ischiasbeschwerden, müssen Sie die Knie während dieser Übung gebeugt halten. Wenn Sie heftiger unter Ischias leiden, sollten Sie diese Streckübung auslassen.)

■ Stehen Sie mit den Füßen in der Position Hüftbreite. Falten Sie die Hände im Rücken, und versuchen Sie behutsam, Ihre Arme hinten ebenso hoch zu führen wie bei der Unterarmstraffung. Achten Sie auf die Lockerheit der Knie!

■ Beugen Sie den Rumpf ganz langsam vornüber, und versuchen Sie, mit der Nase die Knie zu berühren – soweit es eben geht. Aber machen Sie dabei keinen Buckel.

■ Wenn Sie die Nase bis zu den Knien bringen können, senken Sie langsam die Arme zum Boden hin, soweit Ihnen das ohne gewaltsame Anstrengung gelingt. Wenn Sie nicht ganz so sehr gestreckt sind, bewegen Sie den Rumpf sanft in einer dreifach verlangsamten Bewegung 2 bis 8 Millimeter hin und her.

**Beachten Sie:** Nutzen Sie die Gelegenheit, den Nacken vollkommen zu entspannen. Dann fühlt er sich an, als tropfte er zu Boden.

*Obgleich die Beine gerade sind, bleiben die Knie ganz locker und nicht blockiert.*

**20 Wiederholungen oder bis 20 zählen**

■ In einer langsamen, weichen und fließenden Bewegung entfalten Sie die Hände und legen jede Hand an die Innenseite des jeweiligen Fußgelenks. Ihre Ellbogen weisen zur Seite, und die Knie sind entspannt. Wenn Sie zur besseren Balance die Füße ein wenig auseinanderrücken müssen, dann tun Sie das ruhig.

■ Dann senken Sie sacht den Kopf zwischen die Beine und bewegen den Rumpf um Millimeter vor und zurück.

**20 Wiederholungen**

■ Bewegen Sie den Rumpf sanft zur rechten Seite, und legen Sie beide Hände um die Außenseite des rechten Fußgelenks. Strecken Sie die Ellbogen nach außen.

■ Und nun versuchen Sie, den Kopf zwischen Ihrem Bein und dem rechten Ellbogen zu plazieren, und bewegen in dieser Position den Rumpf um Millimeter vor und zurück.

*Halten Sie den Nacken locker.*

**Zur besseren Streckung:** Beugen Sie beide Knie, und nehmen Sie die linke Hüfte zur Seite: Dadurch verlagert sich einiges Gewicht dorthin. Diese Streckung sollten Sie auch in den unteren Rücken- und den Gesäßmuskeln spüren.

**Zur noch besseren Streckung:** Rücken Sie die Füße näher aneinander. Für diese Position muß man schon über eine gute Balance verfügen.

**20 Wiederholungen**

■ Mit entspannten Knien wenden Sie sich nun zur linken Seite und umfassen mit beiden Händen das linke Fußgelenk. Die Ellbogen weisen wieder nach außen.

■ Plazieren Sie den Kopf zwischen Bein und Ellbogen, und bewegen Sie sich um Millimeter vor und zurück.

**Zur besseren Streckung**
Beugen Sie die Knie noch weiter, und verlagern Sie das Gewicht auf Ihr rechtes Bein.

## 20 Wiederholungen

*Die Beine sind gebeugt und gelockert. Beachten Sie, wie rund der Körper noch sein soll.*

■ Um diese Streckung zu lösen, wenden Sie den Rumpf sacht und in dreifach verlangsamter Bewegung zur Mitte. Mit gelockerten Beinen legen Sie beide Handflächen flach auf den Boden. Wenn das nicht geht, lassen Sie sie einfach bequem baumeln.

■ Beugen Sie die Knie, soweit Sie nur können, und senken Sie dabei den Po, bis Sie eine ganz gekauerte Position erreichen – während Ihre Hände immer noch flach auf dem Boden ruhen oder eben bequem baumeln.

■ Jetzt straffen Sie den Po, kippen das Becken hoch und runden Ihren Körper langsam Wirbel für Wirbel wieder hoch zur Senkrechten. Ihre Arme hängen dabei gerade, locker und entspannt.

*Runden Sie den Körper langsam wieder hoch, lassen Sie die Arme dabei zu Boden hängen. Ist es nicht erstaunlich, wie weit man das Becken kippen kann, wenn man nur daran denkt?*

## Tips

■ Straffen oder blockieren Sie nicht Ihre Knie.

■ Halten Sie die Hüften gerade.

■ Lassen Sie den ganzen Rücken entspannt.

■ Üben Sie in fließenden und geringen Bewegungen: Niemals mit harten und ruckartigen!

■ Lassen Sie den Nacken locker.

# Nackenlockerung I

■ Stehen Sie mit den Füßen in der Position Hüftbreite. Ihr Körper ist vollkommen entspannt. Lassen Sie die Schultern locker herabhängen. Straffen Sie den Po, und kippen Sie das Becken möglichst hoch.

■ In dreifach verlangsamter Bewegung lassen Sie den Kopf sinken, bis das Kinn auf der Brust ruht.

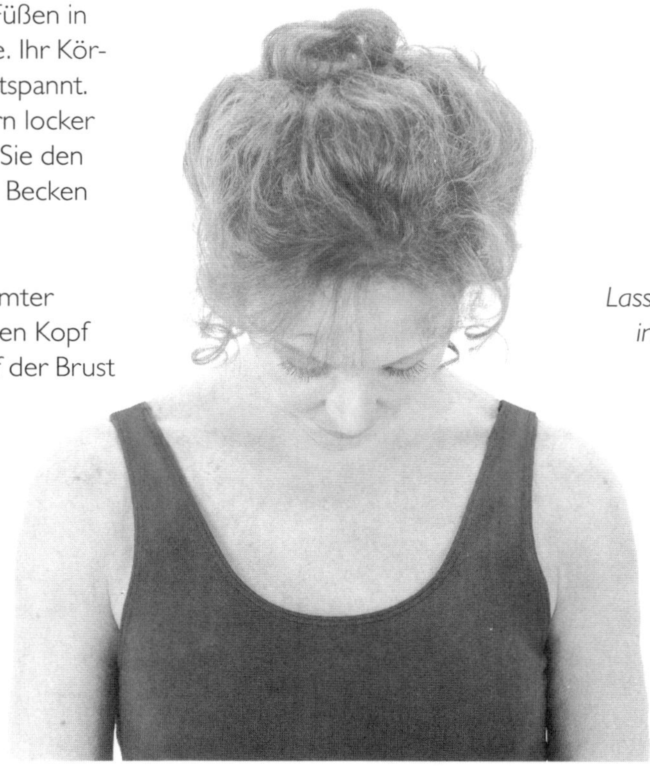

*Lassen Sie die Schultern immer locker hängen während dieser Nackenübungen.*

■ Ebenso langsam bewegen Sie das Kinn soweit wie möglich zur rechten Schulter.

■ Dann recken Sie, allmählich, das Kinn zur Decke, noch weiter, und gleichzeitig strecken Sie hinten den Nacken.

■ Und jetzt strecken Sie den Nacken noch höher, als Sie zu können glaubten!

■ Das Kinn sanft wieder hinab zur Brust führen.

■ Und nun die gleiche sachte Bewegung mit dem gesenkten Kinn hinüber zur linken Schulter und dort weit in die Höhe.

■ Langsam zurück und hinunter mit dem Kinn auf die Brust.

**5 Halbkreise nach jeder Seite**

# Nackenlockerung 2

■ In derselben Haltung mit entspanntem Körper, herabhängenden Schultern, gestrafftem Po, gekipptem Becken und lockeren Knien schauen Sie jetzt sacht hinüber zur rechten Seite, als wollten Sie mit jemandem reden, der hinter Ihnen steht. Und dann zählen Sie bis 5.

■ In dreifach verlangsamter Bewegung wenden Sie den Kopf zur anderen Seite und schauen über die linke Schulter. Bis 5 zählen.

■ Danach wenden Sie den Kopf wieder langsam zurück und schauen geradeaus.

*Denken Sie immer an die* dreifach verlangsamte Bewegung *und an* hübsche, angenehme Dinge.

**5 Wiederholungen**

## TIPS

■ Spannen Sie die Schulter nicht an; sie sollen völlig entspannt bleiben, als flössen sie zu Boden. Wenn Sie den Nacken recken, werden Sie die Schultern reflexartig hochziehen: Das darf nicht sein, denken Sie daran!

■ Bewegen Sie weder Körper noch Schultern.

■ Halten Sie den Po straff und das Becken gekippt.

■ Lassen Sie die Knie locker.

■ Strecken Sie den Nacken in einer äußerst sanften Bewegung.

# Bauch-übungen

Nachdem Sie das Grundprogramm von Callanetics beherrschen, werden Sie mit der Ausgangsposition dieser Übungen wohlvertraut sein. Doch es ist absolut notwendig, daß Sie sich einiger sehr wichtiger Unterschiede zwischen den Bauchübungen im Ein-Stunden-Programm Callanetics und in den SuperCallanetics bewußt sind.

### 1. Die Ausgangsposition

Bevor Sie mit Bauchübungen beginnen, sollten Sie ein Tuch oder eine Übungsmatte bereitlegen, um Ihre Wirbelsäule bei Bodenübungen zu schützen.

Ich habe festgestellt, daß viele meiner Schülerinnen gegenüber der korrekten Haltung sehr nachlässig werden, sobald sie mit den Übungsläufen einigermaßen vertraut sind. Seien Sie nicht schlampig oder bequem. Denn nur die richtige »Rundung« schützt Sie davor, die unteren Rückenpartien unter Druck zu setzen oder den Nacken zu sehr zu belasten. Die Ergebnisse sind dann um so eindeutiger und eher wahrnehmbar.

**Beachten Sie**

Wenn Sie *sich runden, fließen* Arme, Nacken, Schultern und der obere Rücken ineinander, als wären sie eins. Ruckeln Sie niemals mit den Armen oder dem Nacken, um der Aufrundung nachzuhelfen! Denken Sie sanft, denken Sie fließend, denken Sie einfach *rund.*

### 2. Die kleine Bewegung

**Beachten Sie**

Ich sagte *wenig ist mehr*! Wenn Sie es nicht schon gemerkt haben, werden Sie sehr schnell einsehen, daß viele Bewegungen in SuperCallanetics *sehr viel geringer* sind als im Ein-Stunden-Programm. Denn es ist eine *sehr viel größere* Herausforderung, eine kleinere Bewegungsspanne zu nutzen: Man braucht dazu viel mehr Körperbeherrschung. Und weil bestimmte Übungen verlangen, daß Sie das Becken noch viel weiter kippen, als Sie zu können meinen, werden Sie rasch merken, daß Sie dann gar keine größeren Bewegungen mit Ihrem Körper ausführen *können.* Prüfen Sie auf Ihrem Metermaß nach, wieviel 2 bis 8 *Milli*meter sind: Man sieht sie kaum. Sogar wenn Sie SuperCallanetics perfekt beherrschen, müssen Sie immer daran denken, Ihre Bewegungen winzig und kaum wahrnehmbar zu halten.

### 3. Die Rumpfrundung

Aus *Callanetics* werden Sie sich erinnern, daß der obere Rücken immer unter den Schulterblättern ruhte. Schauen Sie auf die folgenden Abbildungen, und Sie werden sofort erkennen, wie rund meine Schultern da sind, wie groß die Entfernung der oberen Rückenpartie vom Boden ist. Meine Bauchmuskeln sind stark genug, diese Position zu halten, ohne den Rücken anzustrengen.

Denken Sie daran, daß das Stretching auf Ihre obere Rückenmuskulatur um so besser wirkt, je weiter Sie zu den Beinen greifen und die Ellbogen ausstellen. Das hilft wiederum dem Rumpf zu besserer Rundung und den Bauchmuskeln zu effizienterer Kontraktion.

Das Resultat: Sie werden schneller kräftiger.

### 4. Wie man sich richtig aufrichtet

Das Übelste, was Sie Ihrem Rücken antun können: sich mit einem Ruck vom Boden lösen und aufstehen! Dabei ist es so einfach, sich aus der liegenden Position in einer leichten, flüssigen Bewegung aufzurichten.

■ Sie liegen mit leicht gebeugten und entspannten Knien flach auf dem Rücken. Rollen Sie Ihren Körper mit angezogenen Knien sanft nach rechts.

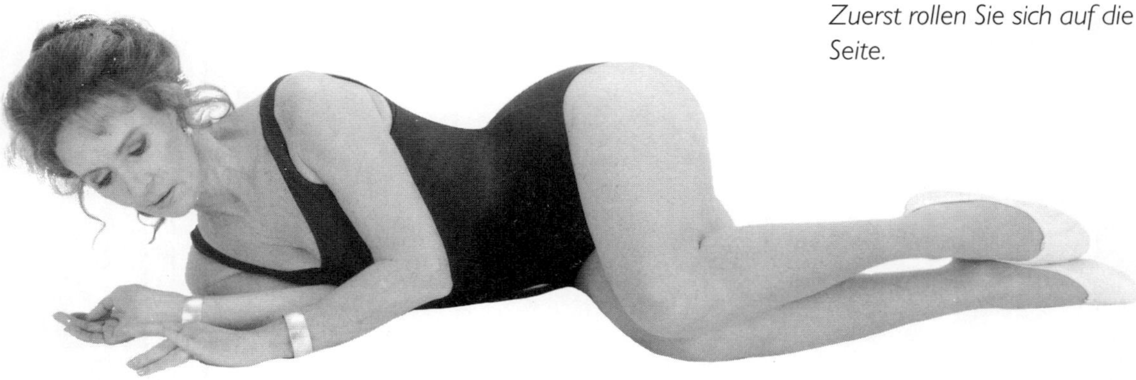

*Zuerst rollen Sie sich auf die Seite.*

*Dann richten Sie den Oberkörper sanft auf. Das ist nicht der Anlaß für Stoßübungen!*

■ Nun legen Sie die Hände rechts auf den Boden und erheben sich ganz langsam in eine seitliche Sitzposition.

■ Mit der Kraft Ihrer Arme heben Sie sich jetzt auf die Knie. In einer gemächlichen Bewegung setzen Sie dann das rechte Bein vor und beugen sich über den rechten Fuß.

*Die Ellbogen nicht blockieren.*

■ Heben Sie nun auch das linke Bein. Straffen Sie den Hintern, und kippen Sie das Becken. Und nun richten Sie sich in einer sanften Streckung der Wirbelsäule auf zur stehenden Haltung.

*Stehen Sie nach einer Bodenübung* **niemals** *schlagartig auf!*

*Den Rücken rund halten und dann Wirbel für Wirbel aufrollen.*

## 5. Denken Sie an Ihren Nacken

Wenn Ihr empfindsamer Nacken sich bei irgendeiner Bauchübung von SuperCallanetics unbehaglich fühlt oder weh tut, kann das ein Hinweis auf ein medizinisches Problem sein. Tun Sie Nackenbeschwerden nicht leichtfertig ab. Sie können ein Anzeichen dafür sein, daß da schon länger ein Problem besteht, auf das Sie aber erst durch eine bestimmte Art der Körperbewegung aufmerksam werden. Bei den meisten Menschen hat sich das hinterher als ein Segen herausgestellt: Sie gingen zum Arzt und haben die Ursache ihres Problems entdeckt. Und von da führt der Weg direkt zu seiner Lösung.

Vorsorgemedizin ist nichts anderes als der Gebrauch des gesunden alten Menschenverstands. Wie ich schon oft sagte: *Hören Sie auf Ihren Körper*! Viele Menschen neigen dazu, die Warnsignale potentieller Probleme zu ignorieren – und wenn Sie dann einmal zum Arzt gehen, ist es oft zu spät, eine Konditionsschwäche zu beheben, die man früher leicht hätte korrigieren können.

Sie haben nur diesen einen Körper!

**Beachten Sie**

Bei allen Bauchübungen auf dem Boden können Sie die Hände mit ausgewinkelten Ellbogen hinter den Kopf legen, wenn Ihnen das lieber ist. Mit dem Fortschreiten der Übungen werden Sie die Bauchmuskeln genauso tief arbeiten fühlen.

# Mit gebeugtem Knie

■ Legen Sie sich auf den Boden, und beugen Sie die Knie. Die Füße liegen flach auf in der Position Hüftbreite und die Arme an den Seiten. Umfassen Sie nun mit aller Kraft die Innenseiten Ihrer Schenkel. Nehmen Sie die Ellbogen so weit wie möglich zur Seite, und richten Sie sie aufwärts zur Decke.

■ Das Kreuz ist ganz locker und versinkt in den Boden, während Sie jetzt langsam den Kopf und die Schultern vom Boden hochrollen. Zur gleichen Zeit bringen Sie die Ellbogen noch weiter nach außen und oben. Wenn Ihr Rumpf ganz gerundet ist, lösen Sie die Hände sanft von den Innenschenkeln und greifen zwischen den Beinen noch ein Stück höher, so daß Sie den Rumpf noch mehr runden können und die Ellbogen weiter nach außen und oben bringen.

*Versuchen Sie, diese volle Rundung zu halten! Die Ellbogen sind ganz weit nach außen und oben gerichtet.*

*Wenn der Rumpf hier ein bißchen zurücksinkt, ist das ganz normal. Am Anfang sind die Bauchmuskeln selten stark genug, die fortgeschrittene Position zu halten.*

■ Wenn Ihr Rumpf – das Kreuz bleibt auf dem Boden! – rund ist wie ein Flitzbogen, senken Sie die Arme und strecken sie nach vorn aus in einer Höhe von 15 bis 30 Zentimetern.

■ Und jetzt machen Sie, dreifach verlangsamt, die winzige Millimeterbewegung vor und zurück.

**Wenn Sie merken, daß sich Ihr ganzer Körper auf dem Boden vor und zurück bewegt:** Heben Sie die Füße wenige Zentimeter vom Boden. Denn wenn man hin und her wippt, bedeutet es, daß die Rückenmuskeln den Bauchmuskeln zu Hilfe kommen – und das soll nicht sein.

**Wenn Sie merken, daß Ihnen die Übung außer Kontrolle gerät oder Ihren unteren Rücken strapaziert:** Strecken Sie die Füße ein kleines bißchen aus, oder lassen Sie den Rumpf um zwei, drei Millimeter nach – wenn nötig, noch einmal soviel.

## 100 Wiederholungen

■ Am Ende der Übung rollen Sie den Rumpf in dreifach verlangsamter Bewegung Wirbel für Wirbel zurück zu Boden.

**Beachten Sie**

Machen Sie eine Verschnaufpause, wann immer es nötig ist. Sie können dazu mit den Händen die Innenschenkel umfassen wie in der Ausgangsposition und so die gerundete Haltung beibehalten. Bevor Sie dann wieder fortfahren und die Hände nach vorn strecken, müssen Sie allerdings die Ellbogen nach außen und oben richten und den Rumpf noch ein Stück weiter runden. Sie können sich zum Verschnaufen auch Wirbel für Wirbel zurücksinken lassen – dann müssen Sie wieder mit dem ersten Schritt beginnen.

*Für eine Atempause können Sie sich an der Innenseite der Knie festhalten. Durch die ausgestreckten Ellbogen kann man dabei die perfekte Rundung bewahren.*

## TIPS

- Straffen Sie die Bauchmuskeln nicht, das setzt die untere Rückenpartie unter Druck. Und außerdem haben sie so schon genug zu tun!

- Entspannen Sie das Kreuz, und lassen Sie es locker in den Boden sinken.

- Runden Sie Rumpf und Schultern soweit wie möglich vom Boden empor.

- Bewegen Sie in den winzigen Wiederholungsübungen nicht die Arme, die Schultern oder den Nacken *allein:* Sie bilden mit dem Oberkörper *eine* Bewegungseinheit!

- Entspannen Sie die Pobacken, um das Kreuz zu entlasten. Sie sollen sich überhaupt nicht bewegen.

- Halten Sie die Beine locker.

- Spannen Sie den Nacken nicht.

- Nicht ruckeln oder wippen.

**Beachten Sie**

Am Beginn der Übungen sollten Sie die Nase *immer* direkt zur Brust richten. Wenn die Bauchmuskeln erst einmal ihre wahre Stärke entfaltet haben, können Sie das so beibehalten – oder den Kopf ein wenig heben, so daß Ihre Nase während der Wiederholungen oder der Verschnaufpause auf die Knie zielt. Niemals aber dürfen Sie das Gesicht zur Decke richten: Sie sollen nicht die Position Ihres Nackens verändern – Sie sollen nur die Kopfhaltung ein klein wenig wechseln. Nase tief oder vor – wählen Sie nach Belieben.

# Mit einem Bein

Die meisten Leute wissen gar nicht, daß sie die Zehen spitzen können, *ohne* die Beinmuskeln anzuspannen. Wann immer in den folgenden Übungen – auch denen für die Beine – eines oder beide Beine angehoben werden: Spitzen Sie die Zehen, aber halten Sie die Beine vollkommen locker! Dabei lernen Sie auch gleich, wie man verschiedene Partien des Körpers entspannt.

■ Sie liegen mit gebeugten Knien auf dem Boden, die Füße flach aufgesetzt in Position Hüftbreite. Nun heben Sie sanft das rechte Bein, spitzen die Zehen zur Decke und umfassen mit beiden Händen von hinten den Schenkel unter dem Knie. Beide Ellbogen werden nach außen gereckt und dann hoch zur Decke gerichtet.

■ Jetzt runden Sie in dreifach verlangsamter Bewegung Ihren Rumpf auf und verstärken gleichzeitig die Bewegung der Ellbogen nach außen und aufwärts, um den oberen Rücken zu strecken. Ihre Nase zeigt auf den Brustkorb.

■ Wenn Sie sich gar nicht mehr weiter runden können, nehmen Sie die Hände vom Bein und strecken die Arme in einer Höhe von 15 bis 30 Zentimetern zu den Füßen hin aus.

■ Heben Sie langsam das ausgestreckte linke Bein, aber nicht mehr als fußhoch.

■ In dieser Position bewegen Sie dreifach verlangsamt Ihren Rumpf sanft 2 bis 8 Millimeter vor und zurück.

*Die Beine ganz entspannen.*

## 100 Wiederholungen

■ Wenn Ihnen diese Bewegung mühelos gelingt, dann senken Sie das hochgestreckte Bein nach einiger Zeit um gut einen Zentimeter tiefer. Sobald Sie aber merken, daß sich Ihr unterer Rücken anspannt – ein Zeichen, daß die Bauchmuskeln noch nicht stark genug sind –, bringen Sie das Bein wieder zentimeterweise in die Höhe, bis diese Spannung verschwindet.

*Je näher eines oder beide Beine dem Boden sind, desto intensiver arbeiten die Bauchmuskeln.*

**Wenn Sie immer noch einen Drang unten im Rücken fühlen**

Heben Sie entweder das hochgestreckte Bein noch ein bißchen zur Decke hin – oder sinken Sie mit dem Rumpf um Millimeter zurück – oder legen Sie das andere ausgestreckte Bein zu Boden.

**Wenn Sie eine Verschnaufpause brauchen**

Ziehen Sie das rechte Bein hoch zu sich in eine angenehme Stellung, umfassen Sie es mit beiden Händen unter dem Knie, halten Sie den Rumpf mit ausgewinkelten Ellbogen rund, und atmen Sie tief durch. Wenn nötig, können Sie auch das linke Bein niederlegen oder mit gebeugtem Knie den Fuß aufsetzen.

*Vor der Pause bringt man das ausgestreckte Bein mit beiden Händen in eine angenehme Position.*

Sobald Sie wieder zum Start bereit sind, verstärken Sie wieder die Haltung der Ellbogen nach außen und aufwärts und runden dadurch den Rumpf so sehr es geht. Dann lassen Sie das Bein los, strecken die Arme an den Seiten lang, senken das Bein ab in die Position vor der Pause und fahren bei den winzigen Wiederholungen dort zu zählen fort, wo Sie aufgehört hatten. (Aber vergessen Sie nicht, das andere Bein wieder anzuheben und die Zehen zu spitzen, falls Sie es abgestellt und gebeugt hatten!)

■ Am Ende der Übung beugen Sie wieder in dreifach verlangsamter Bewegung nacheinander die Knie, setzen die Füße auf den Boden und senken langsam und Wirbel für Wirbel den Rumpf zurück, bis Sie wieder flach auf dem Boden liegen.

■ Wiederholen Sie diese Übung auf der anderen Seite.

## 100 Wiederholungen

## TIPS

- Ihr ganzer Körper soll so locker sein wie eine Stoffpuppe.
- Lassen Sie nicht zu, daß sich Ihr Rücken übernimmt! Wie sehr Sie Ihren oberen Rückenteil runden können, hängt von der Streckung seiner Muskeln und der wachsenden Kraft Ihrer Bauchmuskeln ab.
- Wenn Ihnen die Übung zu schwer wird oder Ihre Rückenmuskeln die Arbeit zu übernehmen scheinen, dann heben Sie das hochgestreckte Bein noch einige Zentimeter mehr. Je niedriger Sie Ihre Beine halten können, desto mehr hat Ihre Bauchmuskulatur zu tun – aber Sie muß zu einer so intensiven Leistung bereit sein.
- Halten Sie den Oberkörper so rund wie Sie können.
- Lassen Sie die Beine locker.
- Entspannen Sie die Bauchmuskeln.
- Lockern Sie den Nacken.
- Strecken Sie die Ellbogen so weit wie nur möglich nach außen und aufwärts, wenn Sie sich in Position bringen.
- Wenden Sie Ihr Gesicht niemals zur Decke, das verspannt Ihren Nacken.
- Straffen Sie nicht den Po.

# Mit beiden Beinen

■ Sie liegen auf dem Boden, die Füße hüftbreit auseinander. Beugen Sie die Knie hoch zur Brust, dann strecken Sie beide Beine zur Decke. Umfassen Sie mit beiden Händen von außen die Schenkel, strecken Sie die Ellbogen so weit Sie können nach außen und aufwärts, und nun runden Sie wieder den Körper, bis die Nase auf den Brustkorb zeigt.

■ Sobald Sie diese Position erreicht haben, lassen Sie die Hände los und strecken die Arme 15 bis 30 Zentimeter hoch geradeaus.

*Die Beine nur so weit senken, daß die Anspannung nicht die untere Rückenpartie tangiert. Die Beine sollten federleicht sein.*

■ In dreifach verlangsamter Bewegung senken Sie nun die Beine so weit wie Sie können – und dann bewegen Sie sanft den Rumpf 2 bis 8 Millimeter vor und zurück.

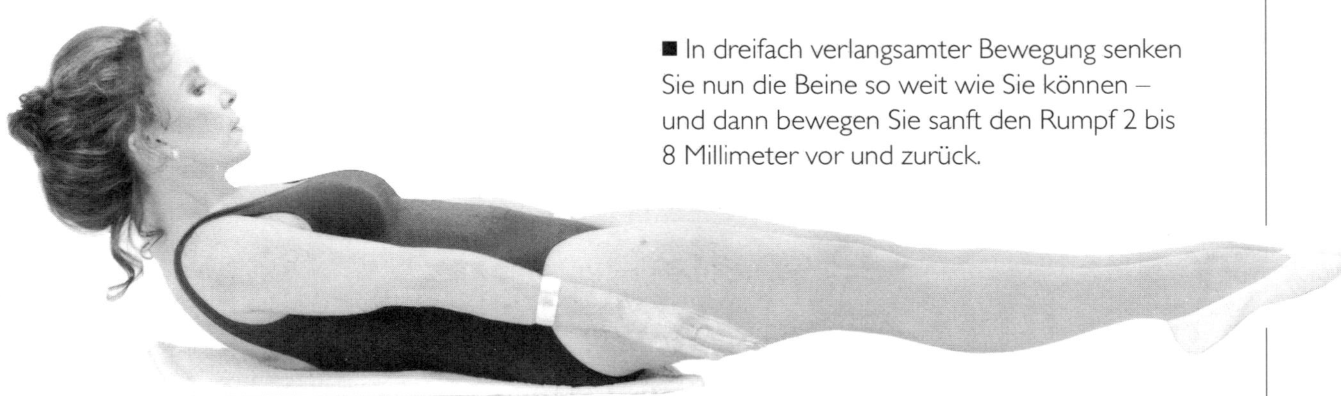

*Auf dem Körper darf überhaupt keine Spannung sein, und der untere Rücken muß flach auf dem Boden ruhen. Die Beine so weit zu senken – und sich dennoch locker zu fühlen wie eine Stoffpuppe, erfordert eine unglaubliche Stärke und Kontrolle.*

■ Wenn Sie spüren, daß die Muskulatur des unteren Rückens beansprucht wird oder er sich zu krümmen beginnt, ist das wiederum ein Signal, daß die Bauchmuskeln dieser Position noch nicht gewachsen sind. Dann heben Sie bitte langsam die Beine zentimeterweise an, bis Sie absolut keinen Druck mehr im unteren Rücken spüren und damit flach aufliegen. Setzen Sie die Übung in dieser Position fort.

## 100 Wiederholungen

**Wenn Sie eine Verschnaufpause brauchen**
Greifen Sie mit den Händen zu den Außenschenkeln, halten Sie mit seitwärts gereckten Ellbogen die Rumpfrundung, und atmen Sie tief durch. Bevor Sie dann weiterzählen, müssen Sie diese Rundung wieder durch Aufwärtsbewegung der Ellbogen verstärken.

*Wenn Sie die Beine soweit absenken können wie ich, muß man sie für die Atempause zuerst sanft in die Höhe richten, damit man die Schenkel bequem umfassen kann.*

■ Am Ende der Übung beugen Sie in dreifach verlangsamter Bewegung die Knie und lassen die Füße zu Boden. Dann sinken Sie Wirbel für Wirbel mit dem Rumpf zurück.

## TIPS

- Die Ellbogen müssen bis zum äußersten Punkt nach außen und aufwärts gestellt sein, um die Ausgangsposition zu erreichen.
- Halten Sie die Schultern rund und dem Boden fern.
- Achten Sie auf die Entspannung des ganzen Körpers, vor allem der Beine und des Nackens.
- Entspannen Sie Ihre Bauchmuskeln.
- Die untere Rückenpartie darf sich nicht krümmen oder vom Boden heben. Es bedeutet, daß die Bauchmuskeln für diese Position noch nicht stark genug sind. Sie müssen die Beine deshalb einen Zentimeter höher nehmen. Genügt das nicht, noch weitere Zentimeter, bis Sie eine angenehme, Ihre passende Position erreichen.
- Lassen Sie Ihren unteren Rücken richtig in den Boden sinken.
  Lockern Sie die Pobacken.

# Sitzen und Einrollen

Das Ziel dieser Übung ist, sitzend den ganzen Rumpf nach hinten zu senken, indem man lediglich das Becken einrollt. Das geschieht in 4 Phasen mit je 10 Wiederholungen. Jede dieser Phasen bedeutet eine Steigerung, darum sollen Sie dazwischen eine Atempause machen.

Bei dieser Übung ist mit »Wiederholung« ein sanftes Schwenken der Arme auf und ab gemeint. Versuchen Sie, in jeder Phase 10 Wiederholungen zu erreichen.

■ Sie sitzen aufrecht mit angezogenen Knien und den Füßen hüftbreit auseinander flach auf dem Boden, die Hände umfassen die Beine unter dem Knie. Legen Sie den Kopf zwischen die Knie, wobei die Ellbogen zur Seite weisen. Rollen Sie den Po nach vorn, bis Sie nicht mehr auf dem Steißbein sitzen.

*Wenn man erst die eine und dann die andere Pobacke nach vorn rollt, ist das ähnlich dem Beckenkippen – nur funktioniert das hier ohne Kontraktion der Gesäßmuskeln. Achten Sie auf die Lage der Hände unter den Knien.*

■ Straffen Sie den Po, und rollen Sie das Becken ein – dabei senkt sich der Rumpf automatisch Wirbel für Wirbel gen Boden. Ihr Rücken tut dabei gar nichts und bleibt völlig ruhig – er senkt sich nur durch die Arbeit des Beckens. Sehr langsam fahren Sie fort, den Po zu straffen und das Becken zu rollen, bis Ihr Rumpf so weit zurücksinkt, daß die Arme gerade gestreckt sind. Gewöhnlich erreicht man dieses Ziel in 4 bis 5 Rollbewegungen.

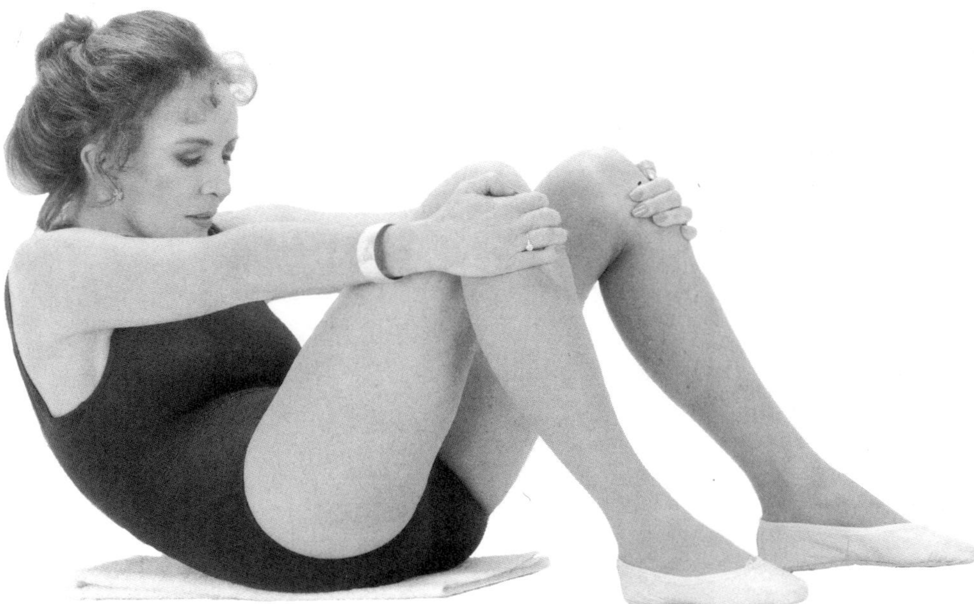

*Durch das Einrollen des Beckens erhält ihr Rumpf die Form einer Schöpfkelle!*

■ Lassen Sie die Knie los, ohne irgendeine andere Körperpartie zu bewegen. Ihr Rumpf ist ganz rund und vollkommen entspannt.

■ Nehmen Sie jetzt die ausgestreckten Arme in dreifach verlangsamter Bewegung so hoch Sie nur können, und lassen Sie sie in einem weichen fließenden Schwenken wieder zu Boden sinken. Ihr Körper wird durch die Kraft der Bauchmuskeln in Balance gehalten.

*Während die Arme hinauf und hinab fließen, bleibt der ganze übrige Körper total ruhig.*

## 10 langsame Wiederholungen

**Beachten Sie**

Wenn Sie die Balance zu verlieren drohen, ist das ein Signal, daß Ihre Bauchmuskeln noch nicht stark genug sind, um ihre hohe Armbewegung zu halten. Führen Sie die Arme deshalb nicht mehr ganz so hoch. Sie können auch die Füße ein paar Zentimeter vom Körper wegschieben oder den Rumpf mehr zu den Knien runden. Oder alle drei Hinweise befolgen!

## ) Minuten Ganzkörper-Programm

**Callanetics für Anfänger**
Das schonende Einstiegsprogramm
**Callanetics – Das Erfolgsprogramm**
**Super Callanetics – Das Profiprogramm**

**4. Callanetics – Das Kombiprogramm** **NEU**
20 Minuten am Morgen bringen Ihren Körper in Schwung. 20 Minuten am Abend entspannen Sie und formen sanft Ihre Figur.

---

Meine Anschrift

Name, Vorname

Straße

PLZ/Ort

CALLANETICS®
auf
Video

80 Pfennig, die sich lohnen

Werbeantwort

**Mosaik-Verlag**
**Frau Karin Meuschke**

**Postfach 800360**

**81603 München**

# Schnellkurs Callanetics mit 20 Minuten Intensivtraining

**1. Das Programm für Taille und Po**
Gezieltes Kurztrainig für eine schmale Taille und einen festen Po.

**2. Das Bein-Programm**
Gezieltes Kurztraining für straffe Schenkel.

**3. Das Bauch-Programm**
Gezieltes Kurztrainig für einen flachen Bauch.

---

Hiermit bestelle ich:

| Stück | Art.Nr. | Titel | Preis DM |
|---|---|---|---|
| | 121-10905 | Callanetics® – Anfänger | 49,95 |
| | 121-10900 | Callanetics® – Erfolgsprogramm | 49,95 |
| | 121-10901 | Super Callanetics® | 49,95 |
| | 121-10902 | Schnellkurs Callanetics® – Taille u. Po | 29,95 |
| | 121-10903 | Schnellkurs Callanetics® – Bein | 29,95 |
| | 121-10904 | Schnellkurs Callanetics® – Bauch | 29,95 |
| | 121-10910 | Callanetics® – Das Kombi-Programm NEU | 49,95 |

○ Bitte liefern Sie über meine Buchhandlung aus:

___

___

○ Beliefern Sie mich bitte über eine Buchhandlung Ihrer Wahl

___

Datum und Unterschrift

■ Nun legen Sie die Hände langsam etwas höher an die Knie und machen eine Atempause. Weil Ihr Körper durch das Einrollen des Beckens etwas tiefer liegt, müssen Sie höher greifen! Halten Sie die Position, und atmen Sie tief durch.

■ Sobald Sie bereit sind für die zweite Phase, straffen Sie den Po und rollen das Becken noch stärker ein. Dadurch sinkt Ihr Rumpf noch tiefer. Lassen Sie nun die Hände los, und beginnen Sie mit der nächsten Reihe sanft fließender Armbewegungen auf und nieder.

*Man sieht, wieviel tiefer der Rumpf nach der ersten Phase und einer Atempause ruht.*

**10 langsame Wiederholungen**

■ Nach der zweiten Phase legen Sie die Hände *auf* die Knie und genießen eine Atempause. Dann rollen Sie das Becken noch weiter ein, nehmen die Hände von den Knien – und die Armbewegungen hoch und tief wieder auf.

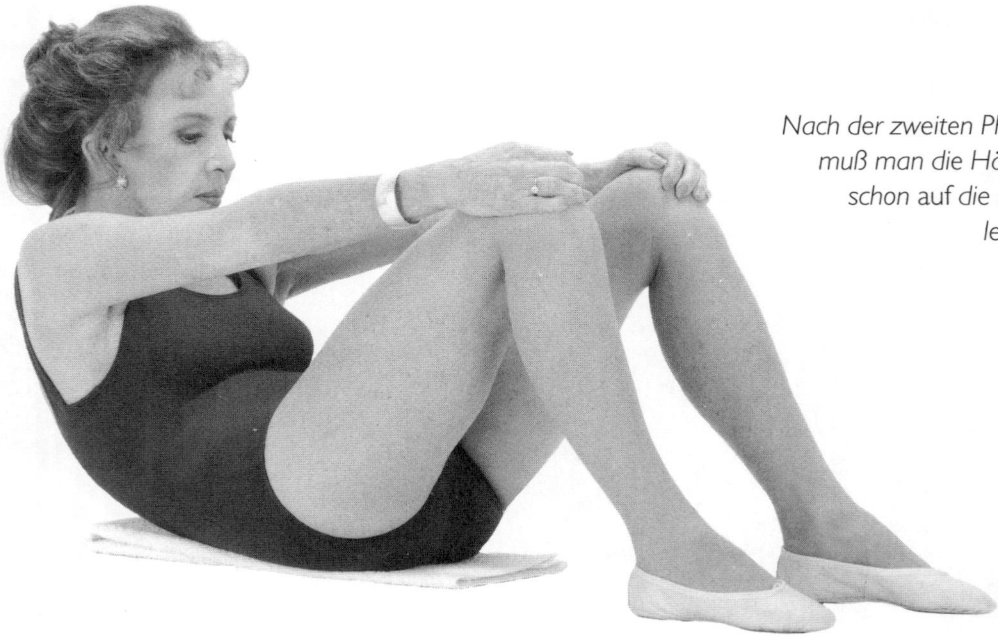

*Nach der zweiten Phase muß man die Hände* schon *auf die Knie legen.*

## 10 langsame Wiederholungen

**Beachten Sie**
Sie werden jetzt wahrscheinlich merken, daß Sie die Arme nicht mehr so weit in die Höhe führen können. Heben Sie sie nur so weit, wie es bequem ist.

■ Am Ende der dritten Phase legen Sie die Hände oberhalb der Knie auf die Schenkel, ohne die Körperrundung zu verändern. Machen Sie eine Atempause. Dann nehmen Sie die Übungen noch einmal auf und schwenken die Arme sanft auf und ab.

## 10 langsame Wiederholungen

■ Am Schluß der Übung senken Sie den Körper, selbst wenn es nur noch wenige Zentimeter zum Boden sind, ganz allmählich nieder, Wirbel für Wirbel, und kippen dabei das Becken so hoch wie möglich.

*So darf man die Übung nicht ausführen! Wenn der Rücken nicht gerundet ist, hält man das Gleichgewicht durch Druck auf den tiefen Rücken und nicht durch die Kraft der Bauchmuskeln. Der Rücken muß immer rund sein.*

## TIPS

- Halten Sie den Rücken so rund wie möglich.
- Sie werden es kaum glauben, aber nach kurzer Zeit können Sie das Becken so sehr einrollen, wie Sie es nie für möglich hielten.
- Versuchen Sie die Arme so weit hochzubringen, wie es ohne Kraftanstrengung geht. Wenn das zu schwer wird, genügt auch die Höhe der Ohren! Je weiter der Oberkörper zurücksinkt, desto weniger hoch werden Sie die Arme heben.
- Konzentrieren Sie sich auf die Entspannung! Nur Ihre Arme sollen sich bewegen.
- Halten Sie den Kopf tief und den Nacken locker.
- Atmen Sie natürlich.
- Nach jeder Atempause rollen Sie das Becken ein Stück mehr zum Nabel hin ein. Machen Sie dabei keine ruckartigen Bewegungen.

# Mit dem Becken

■ Sie sitzen aufrecht mit gebeugten Knien und den Füßen in Hüftbreite flach auf dem Boden. Rollen Sie wie in der vorigen Übung den Po nach vorn, so daß Sie nicht auf dem Steißbein sitzen.

■ Legen Sie den Kopf zwischen die Knie, und kreuzen Sie die Hände im Nackenansatz.

*In der Ausgangsposition ist der Rücken rund, und die Hände sind im Nackenansatz gekreuzt. Ist diese Position zu schwierig, so kann man die Hände auch hinter den Kopf legen.*

■ Straffen Sie den Po, und rollen Sie das Becken zum Nabel, wobei sich Ihr Rumpf automatisch gen Boden senkt. Halten Sie das Becken gekippt, und lassen Sie darin während der ganzen Übung nicht nach. Mit jedem weiteren Einrollen wird sich Ihr Rumpf um einen weiteren Wirbel senken. Und das tun Sie jetzt in dreifach verlangsamter Bewegung: Wirbel um Wirbel einrollen, bis Sie flach auf dem Boden liegen. Das soll in etwa 10 Etappen geschehen.

■ Ruhen Sie ein paar Sekunden mit den gekreuzten Händen im Nacken auf dem Boden aus.

*Der ganze Rumpf rundet sich immer mehr. Auch Sie können sich immer noch ein Stückchen mehr einrollen!*

**Beachten Sie**

Oft sind die Bauchmuskeln zu diesem Zeitpunkt noch nicht stark genug, um Sie wieder aufzurichten. Denn jetzt müssen Sie ja das Gewicht Ihres Körpers auch noch gegen die Schwerkraft heben. Und wenn Sie das versuchen, müssen Sie wahrscheinlich lachen – Ihre Muskeln werden sich einfach totstellen! Erzwingen Sie nichts, wenn es noch nicht funktioniert. Nicht einmal Superman könnte das auf Anhieb. Und selbst ich bin entgeistert, wenn ich sehe, wie sich siebzigjährige Frauen und Männer anscheinend mühelos aufrichten.

■ Jetzt setzen Sie in dreifach verlangsamter Bewegung zur Gegenbewegung an: Straffen Sie den Po, und rollen Sie das Becken wieder ein, damit sich Wirbel für Wirbel vom Boden löst. Richten Sie die Nase möglichst zum Brustkorb, und fahren Sie fort, bis die Ellbogen in Sitzposition die Knie erreichen.

*Versuchen Sie die umgekehrte Übung des Wiederaufrichtens nur, wenn Sie ganz sicher sind, daß Ihre Bauchmuskeln das tragen können und nicht der untere Rücken die Last übernimmt. Wenn Sie dann anfangs Schwierigkeiten mit der Balance haben, müssen Sie wahrscheinlich die Füße ein wenig ausstrecken, bis die Bauchmuskeln so extrem stark sind.*

*Dies ist die totale Umkehrung des vorherigen Bewegungsablaufs.*

**1mal nieder und 1mal auf, wenn es geht**

## TIPS

- Sie müssen unglaublich kräftige Bauchmuskeln haben, um diese Übung auch nur zu versuchen – aber Übung macht den Meister!
- Halten Sie den Nacken locker.
- Sie können sich immer noch ein Stück weiter einrollen.
- Sie sollen sich nur durch Straffen des Pos und Rollen des Beckens senken und heben. Rucken und stoßen Sie nicht mit dem Oberkörper, setzen Sie nicht den Rücken ein.
- Atmen Sie ruhig.
- Entspannen Sie die Beine, sie sind wie Federn.

# Beinübungen

# Die Beckenwelle

In diesem Abschnitt zur Beinstärkung wird die Beckenwelle geübt: in drei Phasen abwärts und dann wieder zurück. Inzwischen haben Sie sicher selbst wahrgenommen, wie unglaublich beweglich und elastisch die Beckenpartie sein kann. Wie Sie wissen, ist das ganz entscheidend für gute Gesundheit und eine optimale Haltung.

Auch Ihre Beine sollten inzwischen so gekräftigt sein, daß Sie sich nicht dabei ertappen, wie ein Klameraffe an der Stange oder dem Stuhlrücken zu hängen!

Dennoch einen kleinen Rat: Gehen Sie zwischen der Beckenwellen- und der Balanceübung ein wenig umher. Das verhilft Ihnen zu einer Atempause und Ihren Muskeln zur Entspannung. Danach gelingen Ihnen die Übungen um so besser.

■ Sie legen die Hände auf die Stange oder einen Stuhlrücken, die Füße sind hüftbreit auseinander, die Arme gerade, aber locker. Heben Sie sich mit gebeugten Knien auf die Zehenspitzen – nicht die Ballen! – und bringen Sie die Fersen zueinander. Der Rücken bleibt gerade und entspannt.

*Der Rücken ist gerade und entspannt, und die Knie werden nicht zur Seite gestreckt.*

■ Mit aufrechtem Körper und Nacken senken Sie nun den Rumpf 5 Zentimeter tief. Straffen Sie den Po, und kippen Sie das Becken hoch. Dann noch ein bißchen mehr – und zur selben Zeit runden Sie den Oberkörper so sehr wie möglich. Halten Sie ein. Zählen Sie langsam bis 3. Und dann entspannen Sie sanft das Becken, ohne den Po zurückzudrücken.

*Man kann das Becken immer höher kippen, als man meint.*

■ In dreifach verlangsamter Bewegung gehen Sie nun 5 Zentimeter tiefer, straffen den Po und kippen das Becken noch mehr. Dann langsam bis 3 zählen. Und sanft wieder entspannen in dieser Position.

■ Gehen Sie noch einmal 5 Zentimeter tiefer. Den Po straffen, das Becken kippen. Bis 3 zählen. Und sanft entspannen.

*In dieser Stellung spürt man die intensive Arbeit der Innenschenkel.*

■ Nun machen Sie es umgekehrt: jeweils 5 Zentimeter höher – straffen, kippen – und entspannen. Das Ganze sehr langsam, bis Sie wieder in der Ausgangsposition stehen.

**3 Wiederholungen**

## TIPS

- In der zweiten und dritten Phase müssen Sie das Becken jeweils höher kippen.
- Ihr Rückgrat steht immer senkrecht, solange das Becken nicht gekippt ist. Strecken Sie nicht den Po heraus, wenn Sie das Becken zwischendurch entspannen.
- Machen Sie keinen Buckel.
- Drücken Sie die Knie nicht zu weit zur Seite. Sie sollen natürlich stehen.
- Halten Sie die Schultern locker. Der obere Rückenteil soll möglichst rund sein, wenn Sie das Becken zur Streckung des Rückgrats kippen. Je mehr Sie das Becken kippen, desto mehr rundet sich der Rumpf und dehnt sich die Wirbelsäule, desto schneller werden die Beine kräftig und straff.
- Halten Sie Balance *auf den Zehenspitzen.*
- Legen Sie Ihr Gewicht nicht auf die Stange!
- Wenn Sie den Körper absenken, darf Ihr Po nicht unter die Kniehöhe geraten. Dadurch käme zuviel Druck auf die Knie.

# Balance

■ Beginnen Sie in der gleichen Position wie bei der vorigen Übung: Die Arme sind ausgestreckt und locker, die Hände liegen auf der Stange, und Sie stehen mit geschlossenen Fersen auf den Zehenspitzen.

■ In dreifach verlangsamter Bewegung gehen Sie mit vollkommen aufrechtem Körper 25 bis 30 Zentimeter tief in die Knie.

■ Ebenso langsam heben Sie sich wieder empor und atmen dabei ganz normal. Diese Übung verläuft in einer einzigen weichen Bewegung.

■ Wenn Sie mögen, können Sie die Fersen auseinandernehmen und noch höher auf die Zehenspitzen gehen: Das verstärkt die Übung.

**20 Wiederholungen**

*Auch wenn die Fersen auseinander sind und man noch höher auf den Zehenspitzen balanciert, bleibt der Rücken vollkommen gerade.*

**Wenn Sie es noch intensiver wollen**
Halten Sie in der tiefsten Position ein, und zählen Sie langsam bis 3 oder 5, ehe Sie sich wieder heben.

## TIPS

- Halten Sie auch während der Aufwärtsbewegung die Fersen hoch.
- Wenn Sie den Körper senken, darf der Po nicht unter die Kniehöhe geraten, weil die Knie sonst zuviel Druck bekommen.
- Drücken Sie die Knie nicht zu weit zur Seite, behalten Sie deren natürliche Stellung.
- Halten Sie die Schultern locker.
- Machen Sie keinen Buckel, und strecken Sie den Po nicht heraus. Das Rückgrat muß gerade bleiben und der Nacken locker.
- Wenn Ihnen die Zeit für 20 Wiederholungen fehlt, können Sie die gleiche Wirkung mit 10 sehr langsamen erzielen.
- Je langsamer Sie diese Übung ausführen, desto kräftiger werden die Vordermuskeln der Oberschenkel.
- Je aufrechter Sie den Körper halten, desto intensiver arbeiten die Schenkelmuskeln.

# Kniedehnung I

Bei diesen Übungen zur Dehnung der Kniesehnen kehren die meisten Menschen den Standfuß nach außen, um leichter Balance zu halten. Versuchen und üben Sie bitte, den Fuß nach vorn zu richten: Es ist besser für die Knie.

**Wenn Sie Ischiasbeschwerden haben, müssen Sie die Knie dabei immer gebeugt halten, um jeden Druck auf den unteren Rücken zu vermeiden.**

■ Sie stehen aufrecht. Strecken Sie das rechte Bein hoch, und legen Sie die Ferse auf die Stange oder eine Stuhllehne. Der linke Fuß soll zur besseren Balance leicht zur Seite zeigen, das linke Knie ist gestreckt, aber entspannt.

■ Strecken Sie Körper und Arme zur Decke. So gestreckt beugen Sie den Rumpf langsam über das rechte Bein.

■ Wenn Sie ganz vorn sind, kreuzen Sie die Hände leicht über dem rechten Knöchel. Nehmen Sie die Ellbogen zur Seite, und legen Sie den Kopf auf das Bein. Die Knie nicht durchdrücken, sondern locker lassen!

*Man fühlt die angenehme Streckung …*

**Wenn Sie noch mehr strecken wollen** –
dann können Sie versuchen, den Kopf zwischen den gekrümmten Armen an die Innenseite des rechten Beins zu legen.

*Dies ist auch eine gute Streckübung für Nacken und Wirbelsäule.*

**Wenn das zu schwierig ist** –
dann nehmen Sie die Hände etwas zurück und legen die Stirn unterhalb der Kniescheibe auf.

■ Bewegen Sie jetzt den Rumpf um wenige Millimeter auf und ab, oder halten Sie einfach die Position.

## 50 Wiederholungen

- Am Ende der Übung runden Sie den Körper sanft zurück und lassen den rechten Fuß sanft in dreifach verlangsamter Bewegung zu Boden gleiten.
- Und nun üben Sie das gleiche auf der anderen Seite.

## 50 Wiederholungen

**Beachten Sie**

Bei vielen Menschen, besonders Frauen, sind die Innenseiten der Knie ein wenig gebaucht. Um diese Wölbung zu verschlanken und zu glätten, drehen Sie das erhobene Bein mit dem Fuß sanft ein klein wenig zur Außenseite – rechts nach rechts und links nach links.

## TIPS

- Es spielt keine Rolle, wie hoch Ihre Stange liegt. Wenn Sie eine stärkere Streckung wünschen, brauchen Sie nur das Standbein ein wenig zurücknehmen. Nur fest muß Ihre Stütze sein, und kein wackliges Stänglein!
- Wenn Ihre Stütze auf die Fessel drückt, legen Sie einen Waschlappen unter.
- Richten Sie den Standfuß nur nach außen, wenn es gar nicht anders geht, und halten Sie das Knie locker.
- Halten Sie die Hüften gerade.
- Halten Sie die Ellbogen gebeugt und nach außen gestreckt.
- Entspannen Sie den Körper.
- Nutzen Sie die Gelegenheit, den Nacken zu entspannen.
- Erzwingen Sie keine Dehnung.
- Blockieren Sie nicht die Knie.
- Nicht wippen!

# Kniedehnung 2

**Das ist eine anspruchsvolle Streckung!**

**Beachten Sie**
Wenn Sie auf glattem Boden stehen und ausgleiten könnten, sollten Sie eine rutschfeste Matte unter den Fuß legen, damit Sie nicht nach vorn wegschlittern!

■ Legen Sie die Wölbung des rechten Fußes mit gebeugtem Knie auf die Stange oder das Möbelstück, das Ihnen als Stütze dient. (Der Rücken eines schweren Sofas ist ein ausgezeichneter Ersatz!) Legen Sie beide Hände zu seiten des Fußes auf die Stange. Halten Sie den linken Standfuß in bequemer Stellung und das linke Knie ein wenig gebeugt. Jetzt schieben Sie diesen Fuß möglichst weit vor und richten dann die Fußspitze so gut es geht nach vorn.

■ Kreuzen Sie die Hände über dem rechten Fuß, und erfassen Sie die Stütze.

■ In dreifach verlangsamter Bewegung strecken Sie jetzt das rechte Bein, soweit es Ihnen ohne Mühe gelingt. Dabei streckt sich automatisch auch das linke Bein: Aber blockieren Sie nicht sein Knie! Und erzwingen Sie nichts. Strecken Sie nun die Ellbogen möglichst weit zur Seite, und legen Sie den Kopf auf das rechte Bein.

*Beide Beine sind zwar gestreckt, aber völlig entspannt. Blockieren Sie die Knie nicht!*

**Zählen Sie bis 50**

**Zur stärkeren Streckung**
Legen Sie den Kopf an die rechte Seite des Beins. Sie können auch das linke Bein beugen und sich gleichzeitig um ein paar Millimeter auf und ab bewegen.

*Hier ist das linke Bein leicht gebeugt. Die Ellbogen werden ganz weit nach außen gereckt. Aber Nacken und Rücken bleiben ganz locker.*

**Zu noch stärkerer Streckung**

Legen Sie den Kopf an die linke Seite des Beins. Oder rutschen Sie mit dem rechten Fuß ein bißchen tiefer, so daß Ihre Ferse unter der Stütze steht. Sie können dabei auch die linke Hüfte nach außen und hinten drehen: Das streckt die Gesäß- und Hüftmuskeln.

*Das ist die korrekte Haltung, wenn man die linke Hüfte nach außen und hinten dreht. Dabei wendet sich der Rumpf leicht nach links.*

■ Am Schluß der Übung beugen Sie zuerst das Standbein und entfalten die Hände. Dann nehmen Sie sanft und langsam den rechten Fuß von der Stütze und senken ihn in dreifach verlangsamter Bewegung zu Boden.

■ Und nun üben Sie das gleiche auf der anderen Seite.

## Zählen Sie dabei bis 50

## TIPS

- Zwingen Sie Ihr Bein niemals zu einer unbequemen Streckung.
- Überdehnen Sie nicht.
- Halten Sie den Körper locker.
- Entspannen Sie das Standbein auch in der Streckung. Das Knie nicht blockieren.
- Wippen Sie nicht.
- Spannen Sie die Arme nicht an.
- Halten Sie den Nacken locker.
- Denken Sie an schöne, sanfte Dinge.

# Beinstreckung

■ Sie stehen an der Stange oder einem Möbelstück und halten sich daran zur Balance leicht fest. Beugen Sie das rechte Knie zur Seite, und rutschen Sie dabei mit dem rechten Fuß am linken Bein hoch, bis die Zehenspitzen das linke Knie berühren.

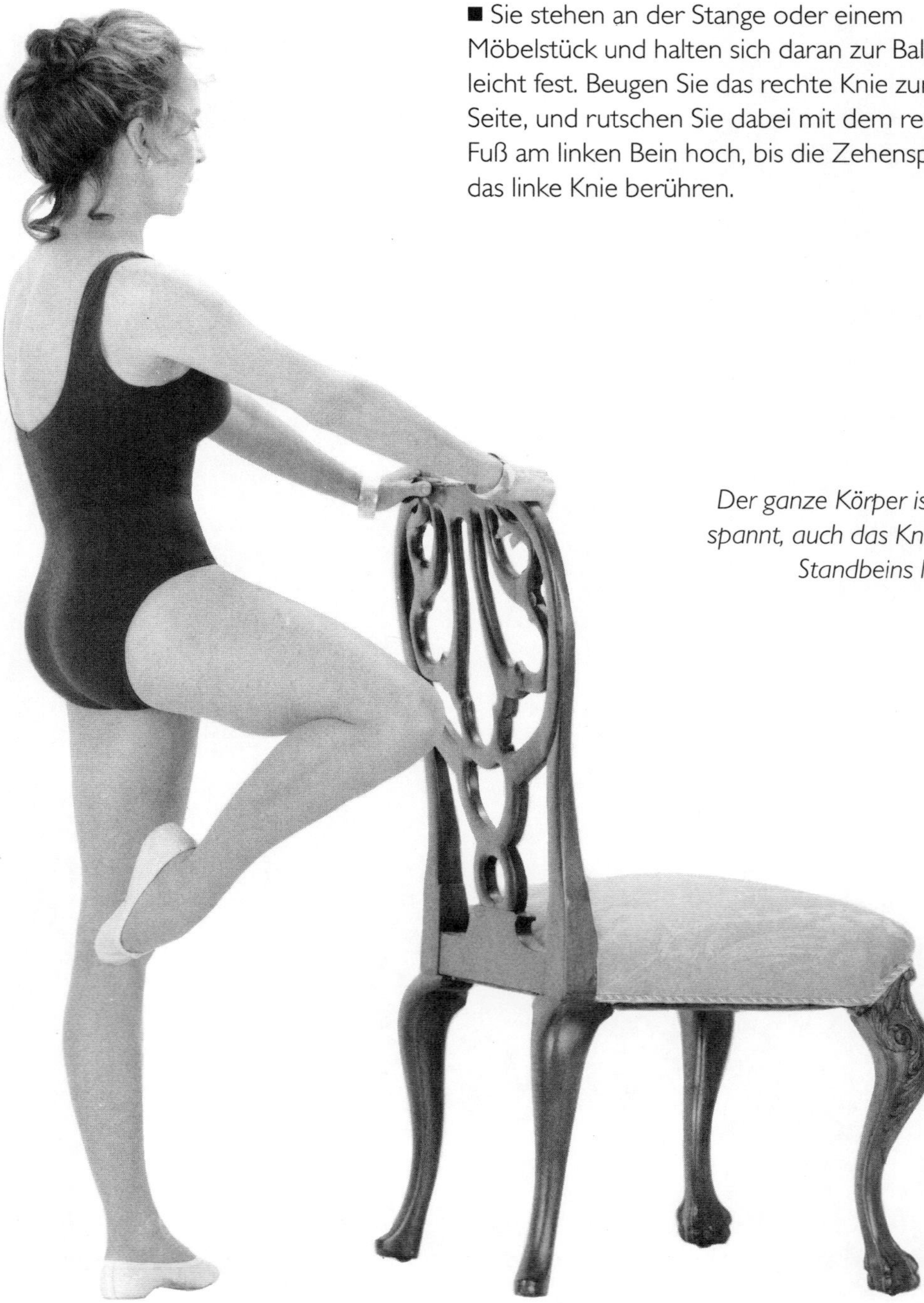

*Der ganze Körper ist entspannt, auch das Knie des Standbeins locker.*

■ Strecken Sie das rechte Bein nun so hoch Sie können schräg nach vorn.

*Halten Sie die Schultern locker.*

■ Beugen Sie das rechte Knie wieder ein, und führen Sie es dabei noch höher zur Decke. Die Zehen kehren aber nicht zum linken Knie zurück, sondern sind gespitzt und entspannt. Und nun strecken Sie das Bein noch einmal aus und höher.

■ Beugen Sie das rechte Knie ein drittes Mal, und strecken Sie dann das Bein noch einmal höher aus. Doch jetzt halten Sie es mit lockerem Knie ganz gestreckt und bewegen es dreifach verlangsamt 2 bis 8 Millimeter auf und ab.

**5 bis 10 Wiederholungen**

*Man hebt das Bein jedesmal ein Stück höher, aber ohne etwas zu erzwingen.*

**Beachten Sie**
Bei jeder Streckung kann man das rechte Bein ein Stückchen höher richten.

■ Wenn Sie mögen, können Sie die übrigen Wiederholungen auch etwas einfacher gestalten: Lassen Sie das linke Bein leicht gebeugt, aber heben Sie sich dabei auf die Zehenspitzen.

*Wenn man sich auf die Zehenspitzen hebt, wird die Reichweite des ausgestreckten Beins etwas geringer. Dafür aber kräftigt man die Gesäß- und Beinmuskeln des Standbeins um so mehr.*

**5 bis 10 Wiederholungen**

■ Am Schluß der Übung beugen Sie das rechte Knie und richten die Zehenspitzen auf das linke. Dann senken Sie das Bein in dreifach verlangsamter Bewegung zu Boden.

■ Und nun üben Sie das gleiche auf der anderen Seite.

## TIPS

■ Wenn Ihnen die Anzahl der Wiederholungen anfangs zu schwer scheint, beginnen Sie mit 2 oder 3 auf dem flachen Fuß und ebenso vielen auf Zehenspitzen. Wenn Ihre Beine stärker werden, schaffen Sie auch 10 Übungen mit gestrecktem Standbein.

■ Blockieren Sie nicht die Knie.

■ Senken Sie nicht das Bein beim Ausstrecken.

■ Halten Sie Nacken und Schultern entspannt. Lassen Sie den Kopf nicht hängen.

■ Machen Sie keinen Buckel.

■ Halten Sie den Körper aufrecht.

■ Nutzen Sie die Stange nur zur Balance.

■ Entspannen Sie die Beine.

Meine Anschrift

Name, Vorname

Straße

PLZ/Ort

Callanetics® auf Video

Werbeantwort

80 Pfennig, die sich lohnen

**Mosaik-Verlag**
**Frau Karin Meuschke**
**Postfach 80 03 60**

**81603 München**

---

## 60 Minuten Ganzkörper-Programm

**1. Callanetics für Anfänger**
Das schonende Einstiegsprogramm

**2. Callanetics – Das Erfolgsprogramm**

**3. Super Callanetics – Das Profiprogramm**

**4. Callanetics – Das Kombiprogramm** NEU
20 Minuten am Morgen bringen Ihren Körper in Schwung. 20 Minuten am Abend entspannen Sie und formen sanft Ihre Figur.

## Schnellkurs Callanetics mit 20 Minuten Intensivtraining

**1. Das Programm für Taille und Po**
Gezieltes Kurztrainig für eine schmale Taille und einen festen Po.

**2. Das Bein-Programm**
Gezieltes Kurztraining für straffe Schenkel.

**3. Das Bauch-Programm**
Gezieltes Kurztrainig für einen flachen Bauch.

Hiermit bestelle ich:

| Stück | Art.Nr. | Titel | Preis DM |
|---|---|---|---|
| | 121-10905 | Callanetics® – Anfänger | 49,95 |
| | 121-10900 | Callanetics® – Erfolgsprogramm | 49,95 |
| | 121-10901 | Super Callanetics® | 49,95 |
| | 121-10902 | Schnellkurs Callanetics® – Taille u. Po | 29,95 |
| | 121-10903 | Schnellkurs Callanetics® – Bein | 29,95 |
| | 121-10904 | Schnellkurs Callanetics® – Bauch | 29,95 |
| | 121-10910 | Callanetics® – Das Kombi-Programm NEU | 49,95 |

○ Bitte liefern Sie über meine Buchhandlung aus:

○ Beliefern Sie mich bitte über eine Buchhandlung Ihrer Wahl

Datum und Unterschrift

# Für Po, Schenkel und Hüften

*Wenn Sie mit Kniebeschwerden zu tun haben, dann ersetzen Sie bitte die Übungen auf Knien durch die Sitz- und Standübungen.*
*Wenn Sie unter einer Wirbelsäulenverkrümmung leiden, müssen Sie die Schultern möglichst rund machen oder sich etwas mehr auf die Gegenseite neigen. Dadurch wird das Rückgrat besser gestreckt.*

In diesem fortgeschrittenen Stadium wissen Sie schon genau, wie man das Becken richtig hochkippt oder nach vorn rollt. Je sorgfältiger Sie das tun, besonders bei den Übungen im Knien und im Stehen, desto besser ist die Kontraktion und Arbeit ihrer Muskeln, desto mehr straffen Sie die Außenseiten Ihrer Schenkel, um so eher schaut Ihr Po aus wie ein fester, runder Pfirsich!

Die meisten von Ihnen können jetzt auch in der Ausgangsposition die Hüfte so gut vorwärtsrollen, daß sie kaum noch die Hand zur Unterstützung brauchen.

Und ich muß Sie bestimmt nicht mehr daran erinnern, daß Sie bei diesen Übungen keine Schuhe tragen dürfen. Ihr Gewicht ist einfach zu groß, sie ziehen Sie nieder.

**Beachten Sie**

Je mehr Ihre Hüfte bei den beiden Sitzübungen und der Knie-auswärts-Übung nach vorn gerollt ist, desto intensiver trainieren Sie die Gesäßmuskeln.

# Im Sitzen aufwärts

Die Ausgangsposition kennen Sie schon aus meinem ersten Buch *Callanetics,* doch diesmal müssen Sie das aufliegende Bein noch weiter zur Seite strecken.

■ Sie sitzen auf dem Boden oder einer weichen Matte und legen die Hände leicht auf eine Stütze – Stange oder Sesselrücken. Die Höhe spielt keine Rolle, es soll nur bequem sein. Das linke Bein ist vor Ihnen angewinkelt. Das rechte Bein ist neben der rechten Hüfte gebeugt. Der rechte Fuß liegt hinter Ihnen auf. Während Sie sich leicht abstützen, bewegen Sie das linke Knie rund 10 Zentimeter nach links und nehmen dabei den Fuß zur Balance ein wenig vor.

■ Sie achten darauf, daß Ihre rechte Hüfte frontal gestellt bleibt, und rollen sie so weit wie möglich nach vorn. Dabei wendet sich der Rumpf automatisch ein wenig nach links, und der Fuß hebt sich.

*Beachten Sie die exakte Position des linken Beins und seinen Winkel nach links. Die Hände bleiben locker.*

■ Lüften Sie das rechte Knie vom Boden. Drehen Sie es mit der Kniescheibe möglichst weit in Richtung Decke. Dadurch werden Knie und Fuß in der gleichen Höhe von 3 bis 8 Zentimetern gehalten.

■ Bewegen Sie das Knie dreifach verlangsamt um 2 bis 8 Millimeter vor und zurück.

*Wenn die Muskelkraft voll entwickelt ist, kann man die Hüfte so weit vorrollen, daß das Knie nur Millimeter über dem Boden schwebt.*

**100 Wiederholungen**

**Wenn Sie das Potraining steigern wollen**
Senken Sie den Fuß ein bißchen, und heben Sie das Knie an – aber ohne die Hüfte nach hinten zu drehen! Und dann kann man in dieser Position Knie und Fuß noch ein wenig höher nehmen

**Wenn diese Übung zu leicht wird**
Setzen Sie sich aufrechter. Sie können auch die Stütze oder die Hände höher legen. Je höher die Stange, desto intensiver die Übung.

**Wenn Sie ermüden**
Nehmen Sie eine Verschnaufpause und rollen Sie sich dann wieder in die Ausgangsposition. Sie können auch auf die andere Seite wechseln. Aber bevor Sie zur nächsten Übung übergehen, sollten Sie auf jeder Seite eine angemessene Zahl von Wiederholungen absolviert haben. Oder Sie ziehen das Knie ein klein bißchen vor.

■ Entspannen Sie den ganzen Körper. Und dann üben Sie das gleiche auf der anderen Seite.

**100 Wiederholungen**

## TIPS

- Krümmen Sie nicht den unteren Rückenteil.
- Entspannen Sie die Beine.
- Halten Sie den Nacken locker.
- Die Bewegung vor und zurück ist kaum wahrnehmbar!
- Der Fuß des Übungsbeins darf nicht zu Boden gehen. Wenn er zu schwer wird, machen Sie eine Verschnaufpause.
- Das Knie des Übungsbeins darf während der Millimeterbewegung nicht hinter die Hüftlinie geraten.
- Entspannen Sie Ihre Schultern. Wenn Sie eine Anspannung im unteren Rückenteil verspüren, haben Sie drei Alternativen:
  - Sie runden die Schultern noch besser.
  - Sie lehnen sich ein wenig zur Gegenseite und halten den Rücken gerade.
  - Sie straffen den Po und kippen das Becken höher.

  Manche Leute nehmen anfangs alle 3 Entlastungsmöglichkeiten wahr.
- Der Rumpf darf sich nicht nach vorn recken, wenn Sie *die Hüfte* vorwärtsrollen. Dadurch entstünde ein Druck auf die untere Rückenpartie. Halten Sie also den Rumpf aufrecht und locker.
- Die Hüfte gerade halten.
- Und noch mehr entspannen!

# Im Sitzen seitwärts

■ Sie sitzen wie vorhin mit den Händen auf der Stütze und dem linken Bein vor sich gebeugt. Entspannen Sie die Schultern.

■ Bewegen Sie das linke Knie wieder rund 10 Zentimeter nach links. Strecken Sie das rechte Bein in einer Linie mit der Hüfte gerade zur rechten Seite aus. Dann rollen Sie Hüfte und Bein sehr langsam so weit vor, daß die Zehen zu Boden zeigen. Ziehen Sie das rechte Bein zum Körper. Das können 10 Zentimeter sein; dadurch schiebt sich Ihre Hüfte nach links, und Sie lehnen ein wenig nach dieser Seite.

*Durch das Vorrollen der Hüfte neigt sich der Körper automatisch nach links, und das Bein scheint zurückgenommen. Doch der Eindruck täuscht.*

■ Heben Sie das rechte Bein sanft um 2 bis 8 Millimeter auf und ab.

**100 Wiederholungen**

■ Und dann das gleiche auf der anderen Seite.

**100 Wiederholungen**

*Der Fuß ist nur ein ganz klein wenig angehoben. Diese Bewegung kann so winzig sein, weil die Hüfte so sehr gerollt ist.*

**Wenn die Übung zu leicht wird**
Nehmen Sie das Übungsbein ohne Hüftdrehung weiter zurück. Sie können auch aufrechter sitzen.

**Wenn die Übung zu schwer wird**
Nehmen Sie das Übungsbein langsam ein paar Zentimeter vor. Sie können sich auch mehr zur Gegenseite lehnen.

## TIPS

- Halten Sie das ausgestreckte Bein sehr gerade, aber blockieren Sie nicht das Knie.

- Der Oberkörper darf nicht nach vorn gehen, sonst entsteht ein Druck im unteren Rücken.

- Halten Sie die arbeitende Hüfte ganz vorgekippt.

- Wenn Sie eine Anspannung der unteren Rückenpartie verspüren, haben Sie drei Alternativen:
  – Sie runden den Rumpf.
  – Sie lehnen sich ein wenig zur Gegenseite.
  – Sie straffen den Po und kippen das Becken noch mehr.

- Machen Sie keinen Buckel.

- Wenn diese Position voll ausgebreitet ist, dann können Sie das Übungsbein nicht mehr als einige Millimeter heben. Wenn Sie dazu noch nicht stark genug sind, können Sie sich ein bißchen zur Gegenseite lehnen und das Bein höher nehmen – aber nicht mehr als 5 Zentimeter. Denn wenn Sie das Bein höher zur Decke richten, beanspruchen Sie nicht die Gesäßmuskeln, sondern die vorderen Schenkelmuskeln!

# Im Knien aufwärts

Ich möchte Sie immer wieder daran erinnern: Machen Sie die obere Rückenpartie ganz rund! Auch wenn ich weiß, daß viele von Ihnen diese Anweisung hier schon nicht mehr brauchen, weil Ihre Muskeln so stark geworden sind, und sie das perfekte Beckenkippen im Schlaf beherrschen.

**Beachten Sie**

Sobald Sie den Po straffen und das Becken kippen, wird das Übungsbein automatisch nach vorn gehen. Deshalb müssen Sie darauf achten, das Bein wieder zurück zu nehmen und das Knie in Hüftlinie zu halten, damit die Übung richtig wirkt. Das Zurücknehmen des Knies bedeutet aber nicht, daß sich Ihre Hüfte bewegt! Und das Becken muß immer gekippt sein.

■ Sie knien mit geschlossenen Beinen und locker gestreckten Armen vor der Stütze und legen leicht die Hände darauf. Drehen Sie Körper und Beine nach links. Straffen Sie den Po, kippen Sie das Becken vor, und machen Sie den Rücken rund.

■ In dreifach verlangsamter Bewegung wenden Sie nun das rechte Knie seitwärts und aufwärts so weit es geht, ohne daß der rechte Fuß den Boden verläßt. An diesem Punkt drehen Sie die Kniescheibe in Richtung Decke und kippen das Becken noch ein Stück vor. Und dann nehmen Sie das Knie noch höher, wobei sich der Fuß vom Boden löst. Weil sich bei der Körperdrehung das rechte Knie nach vorn schob, führen Sie es jetzt wieder möglichst weit zurück, ohne dabei die Hüfte zu bewegen oder den unteren Rücken zu krümmen.

■ Nehmen Sie die linke Hüfte ganz leicht nach links, um die Kniescheibe zu entlasten.

■ Straffen Sie noch einmal die Gesäßmuskeln, und rollen Sie das Becken ein Stückchen weiter.

*Wenn man genau auf mein linkes Fußgelenk schaut, erkennt man die starke Drehung von Körper und Beinen nach links. Durch die Körperdrehung bewegt sich auch das rechte Übungsbein vorwärts. Darum muß man es auf Hüftlinie zurückbringen, ohne die Hüfte zu bewegen.*

■ Jetzt bewegen Sie sanft das rechte Bein um 2 bis 8 Millimeter vor und zurück.

**100 Wiederholungen**

■ Und dann üben Sie das gleiche auf der anderen Seite.

**100 Wiederholungen**

## TIPS

- Kippen Sie das Becken hoch, bis es gar nicht mehr geht.
- Passen Sie auf, daß der untere Rücken gerade und entspannt ist und Sie den Po nicht herausstrecken.
- Wenn Sie im unteren Rückenteil einen Druck verspüren, müssen Sie die Schultern besser runden.
- Bewegen Sie die Hüfte nicht, während Ihr Übungsbein vor und zurück geht. Sie sollen mit Ihrem Knie die winzigen Bewegungen fühlen. Versuchen Sie, es zur Decke zu richten; aber niemals vor die Hüftlinie führen.
- Die Schultern sind auch gerundet ganz entspannt.
- Nehmen Sie Ihr Gewicht von der Kniescheibe, und legen Sie zur Dämpfung ein Handtuch darunter.

*Das ist die absolut falsche Haltung: Die Schultern eingezogen, der untere Rücken gewölbt, der Körper nicht gedreht, weder der Po gestrafft, noch das Becken gekippt, das Körpergewicht auf der Kniescheibe, das Knie nicht zur Decke. Furchtbar!*

# Im Knien seitwärts

■ Sie knien mit beiden Händen auf der Stütze und strecken das rechte Bein in einer Linie mit der Hüfte zur Seite.

■ Drehen Sie das rechte Bein einwärts, bis die Zehenspitzen auf dem Boden liegen. (Die Drehung ist nicht größer als in der einfachen Callanetic-Übung.) Ihre Hüften dürfen nach links gehen, wenn Sie jetzt das rechte Bein so weit zum Körper ziehen, daß kein Druck mehr auf der Kniescheibe ruht.

■ Straffen Sie den Po, und kippen Sie das Becken ganz gewaltig hoch. Runden Sie den oberen Rücken, aber halten Sie den unteren gerade, nicht gewölbt, und völlig entspannt.

■ Heben Sie sanft das rechte Bein in einer weichen und winzigen Bewegung 2 bis 8 Millimeter auf und ab.

*Wegen des Stuhlwinkels scheint es, als sei das rechte Bein nach hinten genommen: Aber es steht genau in einer Linie mit der Hüfte.*

## 100 Wiederholungen

**Wenn diese Übung zu schwierig wird**
Machen Sie eine Atempause. Wenn das Übungsbein zu schwer wird, dann nehmen Sie es ein klein wenig nach vorn. Sie können auch den Oberkörper zur Gegenseite lehnen. Und atmen Sie natürlich. Nach der Verschnaufpause müssen Sie darauf achten, wieder die exakte Ausgangsposition einzunehmen.

- Üben Sie das gleiche auf der anderen Seite.

## 100 Wiederholungen

## TIPS

- Halten Sie die Schulterpartie so rund wie eine Katze. Aber wölben Sie nicht den unteren Rücken, er bleibt vollkommen gerade.
- Kippen Sie das Becken soweit Sie können.
- Entspannen Sie den Körper vom Kopf bis zu den Zehen, besonders Schultern und Nacken.
- Halten Sie das Übungsbein gestreckt, aber das Knie locker. Es darf niemals blockieren.
- Niemals das ganze Gewicht auf die Kniescheibe legen! Eine Übungsmatte ist hilfreich.
- Strecken Sie den Po nicht raus.

# Im Stehen aufwärts

**Diese Übung wurde von einer klassischen Ballettposition abgeleitet, der Attitude**

■ Sie stehen vor der Stange oder Stütze und legen zur Balance leicht die Hände darauf. Die Ellbogen sind gebeugt, die Füße stehen beieinander.

■ In dreifach verlangsamter Bewegung heben Sie das rechte Knie und führen es aufwärts zur Seite so hoch Sie können, ohne daß sich die Hüfte aufwärts oder vorwärts bewegt. Halten Sie das rechte Knie in einer Linie mit der rechten Hüfte. Der rechte Fuß wird dem Knie automatisch folgen.

■ Spitzen Sie den Fuß nach hinten und halten Sie ihn locker. Er soll stets unter der Kniehöhe sein.

*Der Rumpf ist zur Seite gerundet, und die Arme sind locker. Das linke Bein ist gebeugt und ebenfalls entspannt. Beachten Sie, wie hoch gerollt das Becken ist.*

■ Beugen Sie das Knie Ihres Standbeins ganz leicht. Straffen Sie den Po, und kippen Sie das Becken hoch. Runden Sie die Schultern. Das Knie geht dabei etwas vor – nehmen Sie es auf die Linie der Hüfte zurück, aber ohne diese zu bewegen.

■ Beugen Sie sich aus der Taille seitwärts, und wenden Sie die rechte Schulter zu Boden. Schultern und Nacken lockern!

■ Halten Sie das Becken ganz hoch gekippt, und drehen Sie Ihr Knie auswärts zur Decke hin. Dann bewegen Sie es sanft um Millimeter vor und zurück.

**100 Wiederholungen**

■ Üben Sie das gleiche auf der anderen Seite.

**100 Wiederholungen**

## TIPS

■ Achten Sie auf die Streckung des unteren Rückens. Der Rücken soll überhaupt nicht gewölbt sein.

■ Halten Sie die Hüften gerade.

■ Lockern Sie Schultern und Nacken.

■ Blockieren Sie nicht die Knie.

■ Das Standbein leicht beugen.

■ Entspannen Sie den ganzen Körper – und bleiben Sie so!

# Im Stehen seitwärts

**Auch diese Übung ist von einer Ballettposition abgeleitet, der Arabeske**

■ Sie stehen vor der Stange oder Stütze und legen die Hände zur Balance leicht darauf. Die Füße stehen beieinander.

■ Führen Sie das rechte Bein in einer Linie mit der Hüfte direkt zur Seite, und spitzen Sie die Zehen wie beim Ballett. Doch die Zehen sollen locker bleiben und vorwärts zeigen. Das Bein ist gestreckt, das Knie dabei entspannt. Beugen Sie leicht das linke Knie.

*Wenn ich im Stehen mit jemandem plaudere, nehme ich die Gelegenheit gerne für diese Übung wahr! Wenn man ein wenig trainiert ist, braucht man sich überhaupt nicht festzuhalten, und die Bewegung dabei ist so winzig, daß mein Gegenüber sie gar nicht wahrnimmt. Der ganze Körper bleibt dann aufrecht und entspannt.*

■ Ziehen Sie das rechte Bein um reichlich 10 Zentimeter zum Körper, und bewegen Sie dabei die Hüften nach links.

■ Straffen Sie den Po, und kippen Sie das Becken hoch.

■ Beugen Sie sich aus der Taille, und wenden Sie die rechte Schulter zum Boden hin.

■ Straffen Sie den Po, und kippen Sie das Becken noch einmal mehr.

■ Bewegen Sie das rechte Bein um Millimeter auf und ab.

**100 Wiederholungen**

*Vergessen Sie nicht, den Körper auf die Gegenseite zu nehmen. Der ganze Körper ist entspannt und das Übungsbein gestreckt, aber locker.*

- Üben Sie das Ganze nun auf der anderen Seite.

## 100 Wiederholungen

## TIPS

- Halten Sie die Schultern entspannt und vollkommen ruhig.
- Die Hüften gerade: Auch sie bewegen sich überhaupt nicht.
- Den Rücken nicht wölben.
- Das Becken so hoch wie möglich kippen.
- Wenn Sie ermüden und sich die Arme spannen, machen Sie eine Verschnaufpause. Oder nehmen Sie das Übungsbein ein klein wenig nach vorn.
- Blockieren Sie nicht die Knie.
- Halten Sie das Übungsbein gestreckt und entspannt.

# Für den ganzen Körper

# Open and Close

Diese Übung baut die Muskulatur des gesamten Körpers auf. In der Ballettschule habe ich sie mit anderen Schülern gerne vor den Lektionen gemacht, um Ausdauer, die Kraft und eine höhere Reichweite der Beine zu trainieren. Am Anfang müssen Sie damit rechnen, daß Sie mit zunehmender Anzahl der Wiederholungen die Beine immer weniger hoch bringen. Lassen Sie sich dadruch nicht irritieren, Sie machen es trotzdem richtig. Mit der Zeit gibt sich das. Ich kenne Leute, die noch in den Siebzigern mühelos und ohne Pause 50 Wiederholungen hinlegen und dabei die Beine immer in dieselbe Höhe bringen!

Aber wie so oft bei SuperCallanetics muß man auch diese Übung behutsam und mit Respekt angehen. Die meisten Menschen mit Rückenproblemen haben rasch herausgefunden, daß ihnen »Open and Close« großartig half: weil sie ihre Grenzen kannten, respektierten und nichts forcierten. Sie haben *aufgehört,* wenn sie eine Anstrengung des unteren Rückens spürten, und nur soviel getan, wie Ihnen zu diesem Zeitpunkt *zuträglich* war. Folgen Sie bitte diesem Beispiel.

Denn wie Sie aus dem Stundenprogramm von Callanetics wissen, ist dies zwar im Grunde eine Beinübung, die aber zugleich einen erheblichen Einsatz der Bauchmuskeln verlangt. Deshalb überträgt sich die Anstrengung unvermeidlich auf den unteren Rücken, wenn und solange die Unterleibsmuskulatur nicht kräftig genug ist. Und das soll nicht sein! Bauen Sie also Ihre Kräfte langsam auf, dann werden Sie bald mit Vergnügen entdecken, daß auch Ihre Bauchmuskeln stärker werden.

**Beachten Sie**

Wenn Ihre Kräfte erlahmen oder sich auf den unteren Rücken verlagern, dann senken Sie die Beine um einige Zentimeter oder beugen die Knie während der Bewegungsphase. Oder legen Sie eine Verschnaufpause ein. Wenn Sie dann immer noch den Druck im Rücken verspüren, müssen Sie diese Übung aussetzen, bis Ihre Bauch- und Beinmuskeln stärker geworden sind.

**Beachten Sie**

Die Höhe spielt keine Rolle. Arbeiten Sie auf Ihrem eigenen Niveau. Die *Green Berets* und *Special Forces,* mit denen ich in Berlin arbeitete, stellten mit Entsetzen fest, daß sie die Füße überhaupt nicht vom Boden bekamen. Sie schleiften sie auf dem Boden hin und her. (No comment!)

**Vergessen Sie nicht**

Die »Open-and-Close«-Übung will mit Respekt behandelt sein!

■ Sie sitzen auf einer Matte, mit dem oberen Rücken an einem Sofa oder einer Kommode. Die Hände werden über dem Kopf leicht auf die Stütze (Lehne, Schubladenrand) aufgelegt. Festhalten gilt nicht!

■ Beugen Sie die Knie, ziehen Sie die Knie zur Brust, spitzen Sie die Zehen. Rutschen Sie mit dem Po ein paar Zentimeter nach vorn, damit Sie nicht auf dem Steißbein sitzen. Dann senken Sie sanft das Kinn: Dadurch wird das Rückgrat besser gestreckt.

*Zu Beginn der Übung sollen Sie vollkommen entspannt sein.*

■ Nun strecken Sie langsam die Beine, aber ohne die Knie zu blockieren, und spitzen die Zehen so hoch Sie können zur Decke. Sie sitzen da wie ein Klappmesser – aber erzwingen Sie nichts.

■ In dreifach verlangsamter Bewegung spreizen Sie jetzt die Beine so weit wie möglich – und dann führen Sie die hochgestreckten Beine wieder zusammen: Open and close.

*Man braucht unglaublich viel Kraft, um die Beine mit Leichtigkeit in diese Höhe zu bringen: Steigern Sie sich also nur nach Ihren eigenen Möglichkeiten!*

**5mal 10 Wiederholungen oder 2mal 25 oder 50 auf einmal**

■ Am Schluß der Übung beugen Sie sanft die geschlossenen Knie, ziehen die Beine nahe an den Körper und setzen sie zu Boden.

**Beachten Sie**
In diesem Stadium der SuperCallanetics sollten Sie schon zu 50 Wiederholungen hintereinander imstande sein. Wenn Sie jedoch eine Unterbrechung brauchen, um einen Druck auf den unteren Rückenteil zu vermeiden, dann tun Sie das bitte. Auch eine Unterteilung in 5 Folgen von je 10 Open-and-Close-Übungen kann dann ratsam sein.

## TIPS

- Wenn Ihre Muskeln nicht so kräftig sind: Halten Sie ein, und atmen Sie durch. Steigern Sie sich mit Ihrer Kondition schrittweise auf 25 Wiederholungen und mehr in einer Folge.
- Je dichter Sie mit dem Hintern an die Rückenstütze rücken, desto schwieriger wird die Übung. Es fällt dann immer schwerer, die Beine hochzustrecken – versuchen Sie es nur! Und je höher Sie die Beine heben, um so anspruchsvoller wird das Spreizen und Schließen.
- Machen Sie so viele Pausen wie nötig.
- Der Körper muß entspannt bleiben. Klammern Sie sich nicht an die Stütze.
- Sie brauchen eine stabile Stütze. Denn wenn Sie einmal wacklig werden, muß sie Ihr Gewicht auch wirklich halten!
- Entspannen Sie die Beine und besonders die Knie: Am Ende werden sie leicht wie Federn sein.
- Halten Sie das Kinn gesenkt.
- Auch wenn die Zehen gespitzt sind, sollen die Füße locker sein.
- Zwingen Sie Ihre Beine nicht zu Bewegungen, die sie nicht mögen.

# Streck-übungen

Bei Ischiasbeschwerden müssen Sie die Knie während der Streckübungen **immer** gebeugt halten, weil das den Druck mindert. Wenn das keine ausreichende Hilfe ist, setzen Sie diese Übungen bis zur Besserung bitte völlig aus.

# Schenkelinnenseiten

■ Sie sitzen auf dem Boden und spreizen Ihre Beine so weit zu den Seiten, wie es Ihnen ohne Verkrampfung möglich ist. Die Hände können Sie dabei vor sich oder hinter sich plazieren, das ist egal. Aber das Becken müssen Sie sanft zu Boden schieben.

*Der Rumpf ist entspannt. Die Beine werden nur so weit gespreizt, wie es ohne Anstrengung geht.*

■ Strecken Sie jetzt den Oberkörper zu aufrechter Haltung. Die Arme führen Sie dann sanft nach hinten und falten dort die Hände wie in der Kniesehnenübung auf Seite 43.

■ Führen Sie die Arme im Rücken ganz sacht noch ein bißchen höher. Versuchen Sie den Rumpf so zu strecken, daß die Arme direkt zur Decke zeigen.

■ In dreifach verlangsamter Bewegung runden Sie nun den Rücken aus dem Kreuz nach vorn, so daß Kopf und Schultern so weit abgesenkt werden, wie es Ihnen ohne Anstrengung gelingt. (Wenn Sie richtig »gestretcht« sind, werden Sie den Boden mit dem Gesicht, der Nase oder dem Oberkörper berühren können!)

*Richten Sie die Arme so gut es geht zur Decke.*

■ Entspannen Sie sich, und achten Sie auf das »Stretching« im unteren Rücken und den Innenschenkeln – spüren Sie es? Wenn Sie schon ziemlich perfekt sind und bis zum Boden kommen, dann können Sie jetzt einfach genießen, wie Körper und Nacken in den Boden sinken. Das ist so *relaxing,* daß man aufpassen muß, nicht einzuschlafen!

## Zählen Sie dann bis 50

■ Wenn Sie noch nicht bis zum Boden reichen, dann bewegen Sie jetzt den Rumpf sanft um 2 bis 8 Millimeter auf und ab.

## 50 Wiederholungen

Nun führen wir diese Übung nach beiden Seiten hin fort.

■ Entfalten Sie die Hände, heben Sie die Arme über den Kopf, und dann neigen Sie Arme und Rumpf über das rechte Bein.

■ Kreuzen Sie die Hände über dem rechten Fußgelenk, und nehmen Sie dabei die Ellbogen nach vorn und auswärts, um die Taille zu strecken. (Dabei ist immer der auswärtige, also hier der linke Arm wichtig!) Legen Sie den Kopf auf das Bein.

■ In einer kaum wahrnehmbaren Bewegung beugen Sie nun Kopf und Rumpf zum rechten Fuß hin sanft um Millimeter auf und ab.

*Die Ellbogen müssen vom Körper weg gestreckt werden, um die Streckung zwischen den Schulterblättern zu erreichen. Der Nacken ist locker.*

## 50 Wiederholungen nach rechts

■ In einem sachten Schwenk beugen Sie nun Arme und Körper über das linke. Bein und kreuzen die Hände über dem linken Fußgelenk. Der Kopf liegt auf dem Bein, die Ellbogen sind nach außen und vorwärts gereckt.

■ Bewegen Sie sich behutsam 2 bis 8 Millimeter auf und ab.

## 50 Wiederholungen nach links

■ Am Schluß der Übung ziehen Sie in dreifach verlangsamter Bewegung die Hände über das Bein oder zu seinen Seiten wieder zurück und rollen dabei den Rumpf wieder Wirbel für Wirbel in die Ausgangshaltung.

**Zur Verstärkung der Seitenübungen**

Recken Sie die Ellbogen seitlich weg vom Körper. Je mehr sie dabei nach vorn weisen, desto besser wirkt es auf die Streckung der Taille. Den Kopf können Sie auch seitlich des Beins, also tiefer halten, und sich dann der sanften Millimeterbewegung widmen.

## TIPS

■ Zwingen Sie Ihren Körper nicht zu Boden!

■ Sie müssen dieses Stretching im Kreuz und den Innenschenkeln fühlen – und in der Taille, wenn Sie sich zu den Seiten neigen.

■ Bitte nicht wippen.

■ Ziehen Sie sich nicht mit dem Nacken nach vorn!

■ Zehen und Beine locker halten.

■ Entspannen Sie den ganzen Körper, besonders den Nacken.

# Kniesehnen

**Beachten Sie**
Bei Ischiasbeschwerden müssen die Knie *immer* leicht gebeugt sein.

Zu dieser Streckübung greife ich immer in Streßsituationen, wenn mein Nacken hart wird wie Stein und die Verspannung sich gar nicht lösen will. Sie müßte Ihnen genausogut helfen. Im Grunde ist es dieselbe Vorwärtsbewegung wie bei der Innenschenkelstreckung, aber mit geschlossenen Beinen.

■ Sie sitzen aufrecht auf dem Boden, Beine und Füße liegen aneinander, die Zehen sind locker gespitzt.

**Zur stärkeren Streckung**
Wenden Sie die Füße hoch, dann werden die Wadenmuskeln gespannt.

■ Strecken Sie die Arme nach hinten, und falten Sie die Hände. Und dann führen Sie die Arme möglichst weit hoch.

*Manche entspannt diese Haltung so sehr, daß sie dabei an ein Nickerchen denken.*

■ Richten Sie den ganzen Rumpf auf, und dann runden Sie den Oberkörper so sehr vorwärts, daß Kopf und Schultern sich weit herniedersenken. Sie erzwingen dabei nichts, wenn Sie nur auf die Streckung in Ihrem Kreuz achten. Vielleicht gelingt es Ihnen, den Kopf auf die Beine zu legen.

■ Bewegen Sie die Arme im Rücken sanft höher. Strecken Sie den Rumpf, dann zeigen sie direkt zur Decke.

■ Entspannen Sie den ganzen Körper, und versuchen Sie, die Dehnung im Rücken und den Kniesehnen zu fühlen.

■ Bewegen Sie den Körper sanft um Millimeter auf und ab, wenn Sie mit dem Kopf noch nicht die Beine erreicht haben. Ist das aber der Fall, dann lassen Sie den Körper einfach zu den Beinen »tropfen«, besonders den Nacken. Oder Sie bewegen den Kopf sacht um ein paar Millimeter zu den Füßen und zurück.

## Zählen Sie bis 50

■ Um die Streckung zu lösen, senken Sie die Arme in dreifach verlangsamter Bewegung, entfalten die Hände und legen sie zu Boden.

■ Dann richten Sie den Körper langsam auf, indem Sie Wirbel für Wirbel zurückrollen.

## TIPS

■ Ihr Körper ist rund und nicht gerade, wenn Sie sich nach vorn neigen: Sonst üben Sie Druck aus auf Ihren Rücken.

■ Halten Sie Knie und Beine locker.

■ Entspannen Sie Schultern und Nacken. Der kann direkt in den Boden tropfen.

■ Zwingen Sie Ihren Körper nicht nieder. Er ist kein Gegner.

■ Können Sie die sanfte Dehnung im Rücken unten spüren?

# Waden

**Beachten Sie wieder**
Bei Ischiasbeschwerden die Knie gebeugt halten, um den Druck auf das Kreuz zu mildern.

■ Sie liegen auf dem Rücken und ziehen die Knie an. Die Füße bleiben flach auf dem Boden.

■ Beugen Sie das rechte Knie zur Brust, und strecken Sie dann das Bein aus.

■ Falten Sie die Hände um seine Wade oder Fessel. Recken Sie die Ellbogen nach oben und außen, und bringen Sie nun das Bein so nah zum Körper wie möglich.

■ Das linke Bein strecken Sie jetzt sanft zu Boden: Das Knie ist locker, die Ferse liegt auf.

■ In der bekannten, kaum wahrnehmbaren Bewegung führen Sie dann das rechte Bein um Millimeter zum Körper.

*Sanftheit ist das Schlüsselwort dieser Dehnung.*

## 50 Wiederholungen

**Für die bessere Streckung der Waden**
Biegen Sie die Füße zu sich hin und nicht zur Decke.

■ Um die Streckung zu lösen, beugen Sie beide Knie in einer weichen und fließenden Bewegung und setzen die Füße flach auf den Boden. In der gleichen Weise nehmen Sie die Arme herab.

■ Wiederholen Sie das auf der anderen Seite.

## 50 Wiederholungen

## TIPS

■ Zwingen Sie Ihr Bein nicht höher, als es mag.

■ Blockieren Sie nie die Knie.

■ Halten Sie das ruhende Bein so nieder und gerade wie möglich bei lockerem Knie.

■ Halten Sie den erhobenen Fuß so entspannt wie möglich bei gestrecktem Bein.

■ Verkrampfen Sie nicht den Griff zur Fessel oder Wade.

■ Schultern und Nacken sollen ganz locker sein. Das ist eine ideale Entspannungsübung!

# Wirbelsäule

Im Grundprogramm Callanetics, das Sie aus dem ersten Buch kennen, habe ich schon erklärt, daß dies eine behutsame Übertragung chiropraktischer Verfahren ist – und mir geholfen hat, zum erstenmal in meinem Leben eine gerade Hüftstellung zu erreichen! Zwanzig Jahre später sind sie noch ebenso gerade – aber ich lasse auch keine Gelegenheit aus, mir diesen Segen anzutun.

■ Sie liegen mit angezogenen Beinen und flachen Füßen auf dem Boden und strecken die Arme in Schulterhöhe aus.

■ Nun beugen Sie die Unterarme aus den Ellbogen im rechten Winkel zu seiten des Kopfes, so daß die Handflächen nach oben zeigen. Die Ellbogen bleiben flach liegen.

■ In dreifach verlangsamter Bewegung heben Sie das im Knie gebeugte rechte Bein zur Brust. Das linke Bein lassen Sie flach zu Boden gleiten. Dann kehren Sie das rechte Knie zur linken Seite und lassen es weit weg vom Körper zu Boden sinken: Fuß und Knie liegen auf.

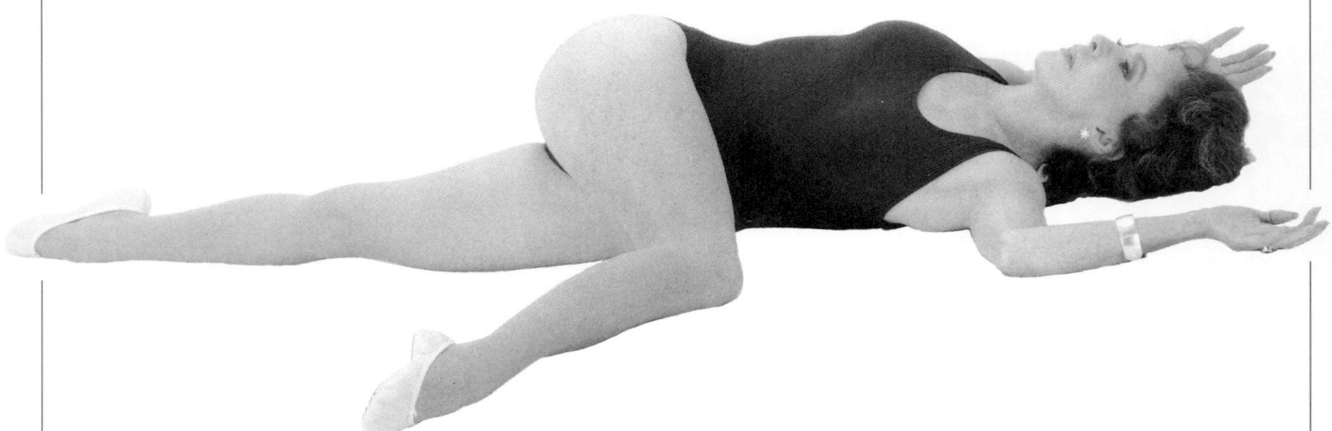

*Hier liegt das linke Bein ganz flach und sehr weit hinten auf dem Boden. Die Knie sind vollkommen gelockert.*

**Zur besseren Streckung**
Führen Sie das rechte Knie behutsam höher zum linken Ellbogen.

**Zu noch stärkerer Dehnung**
Führen Sie das ausgestreckte linke Bein wie in der Abbildung oben noch weiter nach hinten.

## Zählen Sie bis 50 oder 100

■ Um diese Streckung zu lösen und auf der anderen Seite zu üben, führen Sie das gebeugte rechte Bein zurück zur Brust und setzen den Fuß auf den Boden.

■ Dann beugen Sie das linke Bein zur Brust und gleiten mit dessen Fuß zu Boden: Alles in einer weichen, fließenden Bewegung.

■ Und nun üben Sie das Ganze auf der anderen Seite.

## Zählen Sie dort wieder bis 50 oder 100

■ Am Schluß der Übung ziehen Sie nacheinander die Knie zur Brust und setzen die Füße auf. Dann erheben Sie sich, Wirbel für Wirbel, wie schon nach den Bauchübungen. Oder Sie gehen direkt zu den nächsten für die Beine über.

## TIPS

■ Zwingen Sie das gebeugte Bein nicht zu Boden.

■ Heben Sie Schultern und Ellbogen nicht vom Boden.

■ Halten Sie den ganzen Körper völlig entspannt.

■ Betrachten Sie dies überhaupt als Entspannungsübung.

■ Die Schwerkraft verrichtet die Arbeit, nicht Sie!

■ Spinnen Sie unterdessen schöne und glückliche Gedanken.

# Spagat

■ Sie sitzen wie am Ende der Wirbelsäulenübungen aufrecht mit angezogenen Beinen. Strecken Sie nun das rechte Bein gerade nach vorn, und legen Sie die Hände zu seinen Seiten auf den Boden.

■ Strecken Sie dann das linke Bein so weit nach hinten, wie sie können.

*Versuchen Sie diesen perfekten Spagat erst nach ausgearbeiteter Muskelstreckung. Und auch dann nur sehr behutsam.*

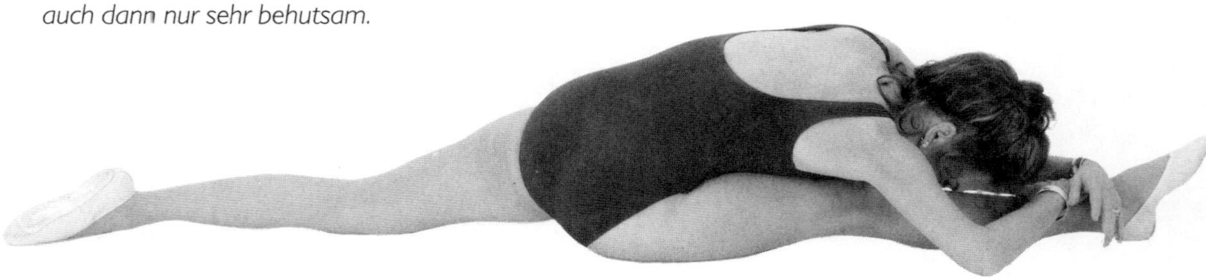

**Zur stärkeren Dehnung**

Beugen Sie den Körper über das rechte Bein, und legen Sie den Kopf darauf. Nehmen Sie dabei die Ellbogen nach außen, aber lassen Sie die Arme locker. Oder kreuzen Sie zusätzlich die Handgelenke über der rechten Fußfessel.

## Zählen Sie bis 25

■ Um den Spagat zu lösen, richten Sie den Körper durch das Zurückgleiten der Hände über dem Bein oder zu seinen Seiten auf. Dann beugen Sie das rechte Knie und ziehen es zum Körper hin. Ebenso das linke Knie.

■ Dann entspannen Sie den Körper durch Auflegen der Hände auf den Boden und rollen sich Wirbel für Wirbel in die Senkrechte.

## TIPS

- Erzwingen Sie keinen Spagat, nähern Sie sich ihm!
- Drücken Sie den Körper nicht zu Boden. Auch ein Stück Spagat ist schon viel.
- Bleiben Sie mit dem Oberkörper ganz locker.
- Wenn Sie nicht beide Beine ausgestreckt zu Boden bringen können: Don't worry! Sie können Ihrem Körper etwas Hilfe geben, indem Sie sich mit den Händen seitlich leicht abstützen. Auf jeden Fall sollen Sie sich nicht in den Boden stampfen! Das ist eine Streckübung und keine Stoßübung.

# Für Becken und Schenkel

# Beckenrotation

**Beachten Sie:** Wenn Sie Probleme mit den Knien haben, sollten Sie diese Übungen stehend und mit gebeugten Knien machen. Die Ergebnisse werden dann nicht so schnell sichtbar, aber Ihre Gesundheit und Sicherheit sind tausendmal wichtiger.

Wie die meisten von Ihnen schon wissen, ist die Beckenrotation eine so phantastische Herausforderung, weil sich darin die Kräfte des ganzen Körpers bis zu den Zehenspitzen hinunter konzentrieren. Einer der Studenten – oder war es eine Schülerin? – hat einmal treffend kommentiert: »Es ist verdammt aufregend, wieviel so ein Becken aufwirbeln kann!«

■ Sie legen eine Matte unter und hocken sich bequem auf die Fersen. Die Knie sind beieinander und die Beine entspannt.

■ Strecken Sie die Arme über den Kopf, und verschränken Sie die Hände. Dabei halten Sie den Rumpf aufrecht und können die Streckung im Rücken spüren.

■ Heben Sie den Körper ein paar Zentimeter von den Fersen.

■ Schwenken Sie die rechte Hüfte nach rechts, so weit Sie nur können. Rollen Sie das Becken nach vorn und gleichzeitig zum Nabel hin ein. Dann schwenken Sie die linke Hüfte nach links, wieder ganz weit; und jetzt den Po nach hinten – und starten so in die Kreisbewegung, weich und fließend: Hüfte – Becken – Hüfte – Po. Und diese Rotation geht nur von Ihrem Becken aus.

**20 Wiederholungen**

*Der ganze Schwenk ist eine langsam fortlaufende kontinuierliche Bewegung.*

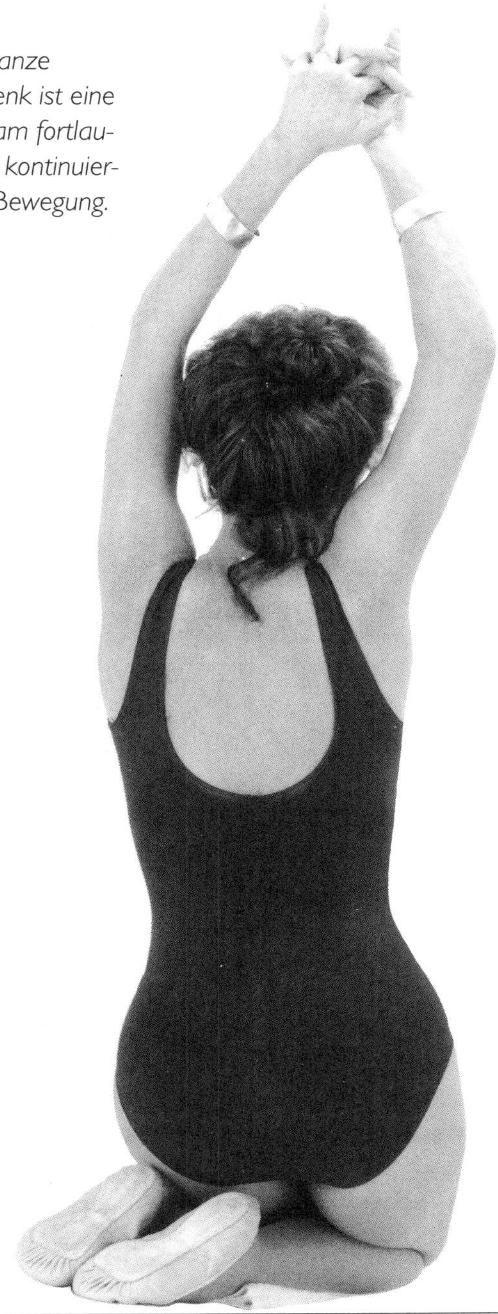

■ Atmen Sie jetzt ein paar Sekunden durch, heben Sie sich wieder in die Ausgangsposition, und spüren Sie dabei die Streckung im Rücken!

■ Wiederholen Sie die Rotation, aber jetzt mit der linken Hüfte beginnend nach vorn und rechts herum: Hüfte – Becken – Hüfte – Po.

*Man kann das Becken unglaublich ein- und aufrollen.*

**20 Wiederholungen**

## TIPS

- Nach den Vorübungen können Sie nun mit SuperCallanetics schon einen viel größeren Kreis bei der Beckenrotation beschreiben. Der Po kommt weiter nach hinten, weil die ganze Körperpartie beweglicher geworden ist. Und dies ist keine Auf-und-ab-Bewegung, sondern ein weich fließender Kreis ohne alle Abruptheit.

- Entspannen Sie den ganzen Körper.

- Je mehr Sie das Becken zum Nabel hin einrollen können, desto wirkungsvoller die Rotation.

- Sie können ruhig Pausen machen.

- Die meisten Menschen haben Schwierigkeiten, sich direkt auf ihre Fußsohlen zu setzen. Sie können die Fesseln nach außen drehen – dadurch entsteht zwischen den Füßen ein nettes Plätzchen, in das man den Po betten kann. Oder sie können die Zehen auf den Boden legen und sich auf die Fersen setzen, die dann zur Decke gerichtet sind.

*Aus diesem Winkel wird erkennbar, wie der Po nach hinten den Kreis vollendet.*

# Die Acht

Diese Übung wird in derselben Weise ausgeführt wie die Beckenrotation zuvor: langsam und genau.

■ Sie sitzen auf den Fersen, die Knie sind geschlossen und die Beine entspannt.

■ Heben Sie die Arme über den Kopf, und verschränken Sie die Hände. Halten Sie den Körper so aufrecht, daß Sie die Streckung unten im Rücken spüren.

■ Heben Sie den Rumpf einige Zentimeter von den Fersen.

■ Nehmen Sie die rechte Hüfte zur Seite, so weit Sie nur können. Dann rollen Sie die rechte Hüfte nach vorn und richten sie hoch. Dabei wird sich Ihre linke Hüfte automatisch einige Zentimeter senken und mehr zu Boden zeigen.

■ Jetzt nehmen Sie den linken Po nach hinten – und wenn es gar nicht mehr weiter geht, dann beginnen Sie sacht, Ihre linke Hüfte in einem Halbkreis wieder nach vorn und hoch zu führen. Jetzt ist die rechte Hüfte hinten und beginnt mit der gegenläufigen Bewegung!

## Wiederholen – so oft es geht

Diese geschmeidige Bewegung beschreibt die Figur einer 8: eine Hüfte hoch – den Po auf der anderen Seite runter und zurück – diese Hüfte hoch – und den anderen Po runter und zurück. Diese Achterrotation geht nur vom Becken aus!

*Üben Sie diese Bewegung intensiv. Sie verleiht eine unglaubliche Kontrolle über den ganzen Beckenbereich.*

## TIPS

- Die Muskulatur Ihrer Innenschenkel muß schon kräftig entwickelt sein, wenn Sie diese Achterrotation schaffen!

- Wölben Sie bitte nicht den Rücken, und strecken Sie nicht einfach den Po heraus.

- Und lassen Sie den ganzen Körper entspannt.

# Beckenschaufel

■ Sie knien mit geschlossenen Knien auf der Matte, die Füße sind nach hinten ausgestreckt und die Beine locker.

■ Sie heben die Arme über den Kopf und verschränken die Hände. Dabei fühlen Sie wieder die Streckung unten im Rücken.

■ Senken Sie die Arme nach vorn um 30 Zentimeter ab. Runden Sie den Rumpf ein klein wenig vorwärts. Ihre Wirbelsäule bleibt gerade. Und nun gehen Sie mit dem Po runter zu den Fersen – aber machen Sie keinen Buckel!

*Arme und Schultern bleiben entspannt und das Rückgrat gerade.*

■ Sobald der Po so weit gestreckt ist, daß er gerade die Fersen berührt, straffen Sie sanft die Pobacken und rollen das Becken in einer langsamen Schaufelbewegung ganz weit hoch.

■ Heben Sie dabei die Arme, bis die Hände wieder in der Ausgangsposition über dem Kopf stehen.

■ Und setzen Sie dabei die Beckenschaufel fort, bis Sie wieder aufrecht knien.

*Je kräftiger man ist, desto weiter kann man die Arme nach hinten halten, wenn man sich wieder hochschaufelt.*

**Beachten Sie**

Je weiter Sie Arme und Rumpf zurückhalten können, während Sie sich mit dem Becken wieder in die kniende Position »schaufeln«, desto schneller kräftigenSie die Schenkelmuskulatur. Das ist eine ordentliche Herausforderung.

## 10 bis 20 Wiederholungen

**Zur Intensivierung:** Drücken Sie die Knie gegeneinander, während Sie wieder hochgehen!

## TIPS

- Halten Sie den ganzen Körper entspannt.
- Arme und Schultern bleiben locker – und die Arme nicht so weit vorn.
- Das Becken hochkippen, während Sie sich aufrichten.
- Den Rücken nicht wölben.
- Die Pobacken straffen, während Sie auf die Knie gehen.
- Pausen sind erlaubt. Entspannen und atmen Sie. Und dann wieder zurück in die Startposition.
- Spüren Sie während des Aufrichtens eine Anstrengung in den Waden, dann beugen Sie Arme und Rumpf etwas vor.

*Wenn man die Beckenschaufel richtig ausführt, entspannt man die Waden ohne großes Nachdenken.*

# Schenkelstraffung außen

■ Sie sitzen mit entspannten Füßen auf den Fersen.

■ Lehnen Sie sich zurück, und legen Sie die Handflächen hinter sich ausgestreckt auf. Die Oberschenkel ruhen jetzt auf den Fersen, der Nacken soll entspannt sein.

*Das ist die Ausgangsposition: Knie beieinander und die Schultern locker.*

■ Sie sitzen immer noch auf den Fersen und straffen jetzt den Po. Dann rollen Sie das Becken hoch, so weit es geht. Noch ein bißchen mehr. Und nun heben Sie den Po 1 bis 2 Zentimeter von den Fersen.

*Das Becken ist schon hoch gekippt, während man noch auf den Fersen sitzt.*

■ Rollen Sie das Becken noch höher.

■ Bewegen Sie sich um Millimeter sanft auf und ab.

*Nicht die Ellbogen blockieren: Die Arme sind gerade, aber nicht gespannt.*

**20 Wiederholungen**

## TIPS

■ Nicht den Rücken wölben. Das Rückgrat ist gerade.

■ Halten Sie den Nacken locker.

■ Den Kopf nicht auf und ab bewegen.

■ Je gekippter das Becken, desto straffer die Schenkel.

■ Nicht zuviel Druck auf die Hände.

■ Den ganzen Körper entspannen.

# Schenkelstraffung innen

Die meisten werden diese Übung jetzt aufrecht sitzend bewältigen können, ohne dabei irgendeinen Druck im Rücken zu fühlen. Ist das dennoch der Fall, so brauchen Sie nur die Schultern etwas besser zu runden. Und natürlich können Sie auch Verschnaufpausen einlegen.

Zugleich ist hier eine wunderbare Gelegenheit, den Nacken zu strecken. Lassen Sie Ihren Kopf in einer zarten und langsamen Bewegung leicht nach vorn sinken, bis das Kinn die Brust berührt. Oder strecken Sie den Nacken sanft zur Decke – wie Sie mögen.

■ Sie sitzen vor einem Stuhl am Boden: Der Rücken ist aufrecht, die Arme liegen zu beiden Seiten leicht auf.

■ Nun legen Sie beide Füße mit der Wölbung von außen an die Stuhlbeine, und zwar so hoch Sie das können, ohne eine Beanspruchung des Rückens zu fühlen. Entspannen Sie die Schultern.

■ Halten Sie die Zehen gerade und locker. Und pressen Sie nun mit den Fußwölbungen, als wollten Sie die Stuhlbeine zusammendrücken.

*Die Spannung geht nur von den Innenschenkeln aus.*

**100 bis 300 Wiederholungen**

**Zur Intensivierung**
Legen Sie die Fußwölbungen ein Stück höher als die Stuhlbeine.

*Durch sanftes Senken des Kopfes werden die Muskeln im Nacken angenehm gestreckt.*

**Zur weiteren Steigerung**
Legen Sie die Fersen von außen an die Stuhlbeine, richten Sie die Zehen seitwärts, und pressen Sie mit den Fersen.

## TIPS

- Die Schultern lockern.
- Die Beine entspannen.
- Die Knie nicht blockieren.
- Den unteren Rücken nicht anspannen.
- Hände und Arme ruhig und bequem halten.

# 20 Minuten Super Callanetics

# Das Kurzprogramm

Auch wenn ich unter Druck stehe und nicht genug Zeit habe für mein gewohntes Pensum SuperCallanetics, gönne ich mir noch 20 Minuten für einige der Übungen. Denn ich weiß, daß das mir und meinem Körper die Kraft, die Ausdauer und die Beweglichkeit gibt, die wir beide brauchen. Und außerdem und sowieso schreckt mich der Gedanke, daß die Spannkraft meiner Muskeln und des Hautgewebes nachlassen könnte.

Dieses Kurzprogramm enthält meine Auswahl für 20 Minuten. Sie müssen dabei allerdings berücksichtigen, daß ich extrem durchtrainiert bin und diese Folge mit Leichtigkeit schaffe. Deshalb werden Sie damit anfangs kaum in solch kurzer Zeit durchkommen. Don't worry. Picken Sie einfach einige Übungen heraus, und mit wachsender Kraft werden Sie immer mehr bewältigen, bis Sie es genauso gut können – in 20 Minuten. Ich muß freilich betonen, daß ein Kurzprogramm kein Ersatz ist für die reguläre Stunde SuperCallanetics. Es ist nur zur Überbrückung gedacht, wenn Sie diese Zeit nicht finden können.

Die sechste Übung *Im Stehen seitwärts* mache ich bei jeder Gelegenheit, auch am Telefon oder wenn ich mit Leuten plaudere. Die meisten merken es nicht einmal. Wenn Sie sich an diese Übung machen, müssen Sie darauf achten, daß Sie nach jeder Seite das gleiche Maß entwickeln: Denn Sie wirkt so rasch, daß Ihr Po sonst einseitig wird! Und das sieht in engen Hosen ziemlich komisch aus.

Ich scheue mich auch nicht, die beiden Aufwärmübungen zur Hüft- und Unterarmstreckung in Gegenwart anderer Leute zu proben. Die meisten machen begeistert mit!

**Zum Aufwärmen**
1. Die Hüftstreckung: je 100mal
2. Die Unterarmstraffung: 100mal

**Für den Bauch**
3. Sitzen und Einrollen – sorgfältig!

**Für die Beine**
4. Die Beckenwelle: 3mal
5. Kniedehnung 2: bis 50 zählen

**Für Po, Schenkel und Hüften**
6. Im Stehen seitwärts: 100mal

**Für den ganzen Körper**
7. Open and Close: 50mal

**Streckübung**
8. Wirbelsäule: je bis 100 zählen

**Für Becken und Schenkel**
9. Beckenrotation: je 20 Kreise
10. Schenkelstraffung innen: 100mal

Versuchen Sie es ruhig auch. Sie werden bald überrascht sein, was sie damit erreichen – und wo! Ihre Balance wird sich schnell so drastisch verbessern, daß Sie sich keine Gedanken mehr zu machen brauchen, wo und wie Sie sich etwa abstützen könnten.

# Callans Botschaft: Woran ich glaube

Ein älterer Herr, der regelmäßig SuperCallanetics betreibt, erklärte mir kürzlich: »Callan, vergeuden Sie nicht Ihre Energie damit, den Leuten den Unterschied zwischen SuperCallanetics und anderen Übungsprogrammen zu erklären. Sie werden es nie begreifen – bis sie es selber ausprobiert haben. Sagen Sie Ihnen nur: Es ist wie der Unterschied zwischen einem Postboten und einem Faxgerät. Beide überbringen einen Brief – aber das Fax verdammt viel schneller. Und das ohne jede Einbuße.«

Ich mag diesen Vergleich. SuperCallanetics hat so vielen Menschen eine unglaubliche Möglichkeit eröffnet, die Kräfte ihres Körpers über die Grenzen ihrer Vorstellung hinaus zu entfalten, ohne Streß und Anstrengung – es hat ihnen gar nichts ausgemacht. Und es ist ein fabelhaftes Gefühl, zu wissen, daß der eigene Körper Leistungen vollbringen kann, die man nie für möglich hielt.

Wie viele tausend andere nutze und genieße auch ich die Vorzüge der SuperCallanetics, um meinen Körper zu gestalten und in Form zu halten. Und ich kann es mit vollkommenem Vertrauen tun, weil ich garantiert weiß, daß das vollständige Programm mir nicht nur einen strafferen Körper gibt, sondern mir auch die Angst vor Verkrampfungen und Verletzungen nimmt.

SuperCallanetics ist der wirkungsvolle Weg, mit geringerem Zeitaufwand die schönen Erfolge zu bewahren, die Sie mit dem Stundenprogramm der Callanetics errungen haben. Und es stellt dazu eine tolle Herausforderung dar an alle, die ihre Muskulatur durch Callanetics schon so gut entwickelt haben. Noch wichtiger, so glaube ich, als die neue *physische* Gestaltung Ihres Körpers wird dabei Ihre *mentale* Veränderung sein – das strahlende Aussehen, das von Selbstvertrauen und einem sicheren Selbstbild zeugt.

ISBN 3-576-10141-1

ISBN 3-576-10039-3

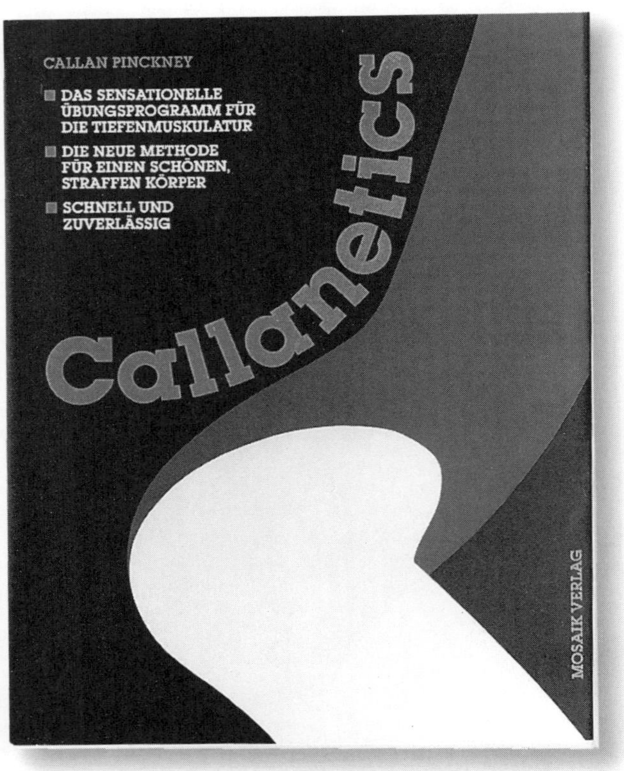


ISBN 3-576-10037-7

# heits-Programm und Seele – Reihe aus dem Verlag

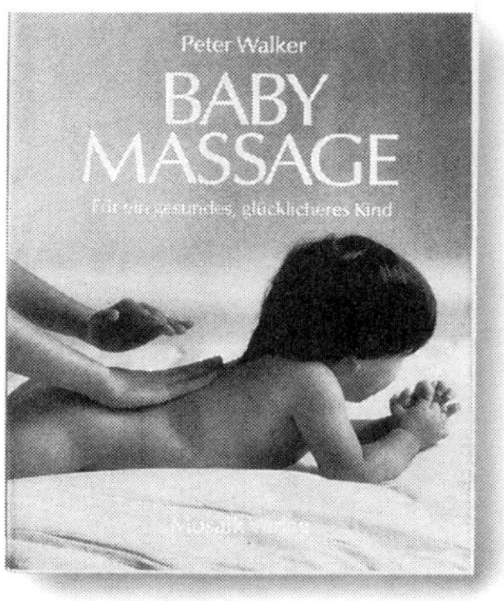


Peter Walker
**Baby-Massage**
96 Seiten, 169 Abb.
ISBN 3-576-04638-0

Julian Scott
**Damit Ihr Kind gesund wird**
192 Seiten, 12 Farbfotos,
47 Illustrationen
ISBN 3-576-02420-4

Janet Balaskas
**Natürliche Schwangerschaft**
96 Seiten, 11 Farbfotos,
97 Abb.
ISBN 3-576-02499-9

Schwarz/Schweppe
**Entspannung und Persönlichkeit**
160 Seiten, 57 s/w-Fotos,
118 Illustrationen
ISBN 3-576-07063-X

Erhältlich überall dort,
wo es Bücher gibt.

**Mosaik**
Die neuen Seiten
des Lebens

# Callanetics gibt es auch auf Video

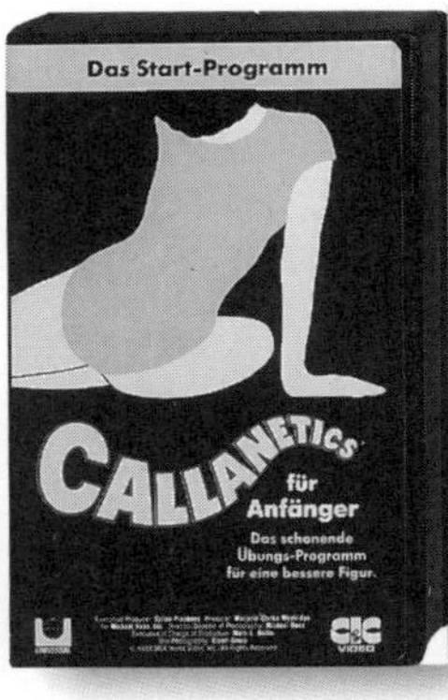


**Callanetics für Anfänger**
Spieldauer: 60 Minuten
ISBN 3-576-10905-6

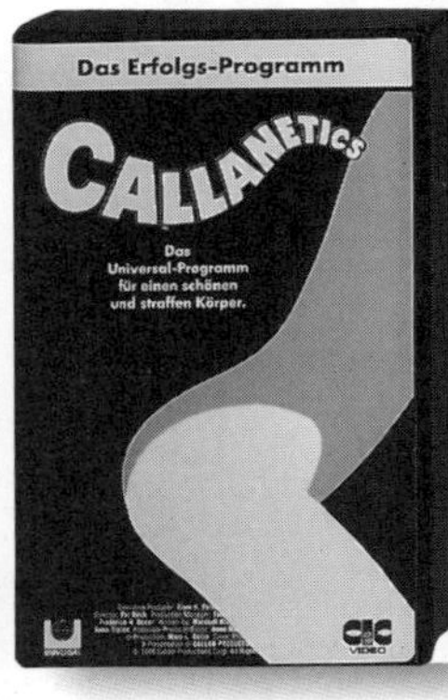


**Callanetics – das Erfolgsprogramm**
Spieldauer: 60 Minuten
ISBN 3-576-10900-5

**Super Callanetics**
Spieldauer: 60 Minuten
ISBN 3-576-10901-3

**Schnellkurs für die Beine**
Spieldauer: 25 Minuten
ISBN 3-576-10903-X

**Schnellkurs für den Bauch**
Spieldauer: 25 Minuten
ISBN 3-576-10904-8

**Schnellkurs für Taille und Po**
Spieldauer: 25 Minuten
ISBN 3-576-10902-1

**Callanetics – Das Kombi-Programm**
Spieldauer: 60 Minuten
ISBN 3-576-10910-2

**Mosaik**

Die neuen Seiten des Lebens